▲ Diesen kleinen Kinderwagenparkplatz hat Günther Römer in den Sechzigern fotografiert.

www.facebook.com/Rostockalbum

▲ Ein ungewöhnlicher Kontrast von Stadt und Land, den Werner Murawski 1980 im Bild eingefangen hat: Mähdrescher vor Rostock-Schmarl im Einsatz. Im Hintergrund wird der VEB Jugendmode „Shanty" gebaut.

Thorsten Czarkowski (Hrsg.)

ROSTOCK-ALBUM

Eine Stadt erinnert sich

Band 2

HINSTORFF
OZ OSTSEE-ZEITUNG
Weil wir hier zu Hause sind

▲ 1968 hat Günther Römer am Hauptbahnhof fotografiert. Durch die Reklame bekommen wir eine gute Übersicht über die damaligen HO-Geschäfte in Rostock.

Inhalt

▲ Seehafen-Werbung am Schröderplatz – dort ging man vorbei, wenn man zur Kröpi wollte; im Bild festgehalten 1970 von Werner Murawski.

Eine Zeitreise in Bildern

2014 erschien der erste Band des Rostock-Albums. Er war ein großer Erfolg – und konnte doch nur einen kleinen Teil all jener Fotos und Erinnerungen aufnehmen, die im Zuge des gemeinsamen Projekts von Hinstorff Verlag und Ostsee-Zeitung via Facebook, per Mail zugeschickt oder persönlich übergeben wurden. So lag es nahe, dem ersten ein zweites Rostock-Album folgen zu lassen. Auch dieses ist weitgehend über die Facebook-Seite entstanden. Seit Anfang 2014 haben Rostocker dort tausende Bilder veröffentlicht. Das Besondere dabei: Diese Aufnahmen kommen aus privaten Foto-Alben. Damit ergeben sie ein anderes Bild von der Stadt. Private Aufnahmen mögen nicht immer perfekt sein, doch sie fangen oft ganz besondere Momente ein, die in Bildbänden, offiziellen Chroniken oder auf Postkarten nicht zu sehen sind. Häufig sind es Fotos des Übergangs, wenn etwas Vertrautes aus dem Stadtbild verschwindet oder wenn etwas Neues entsteht. Der private Blick ist eben ein anderer – ob im Alltag, bei Großveranstaltungen oder bei Veränderungen in der Stadt.

Manches dieser Fotos hat eine lange Reise hinter sich. Da hat jemand vor vielen Jahren im richtigen Moment auf den Auslöser gedrückt, dann verschwand das Bild im Familien-Album, bis es schließlich, manchmal auf Umwegen, in dieses Buch gelangte. All diese verschiedenen Fotos bekommen einen zusätzlichen Charme, wenn sie aneinandergereiht werden. Wie bei einem Puzzle entsteht ein größeres Bild. Es zeigt, auf welche Weise sich die Stadt im Laufe der Zeit verändert hat, sehr oft vermittelt es ein Stück Lebensgefühl.

Und wie ist das mit den Erinnerungen? Häufig gibt es beim Ansehen dieser Aufnahmen einen Moment des Wiedersehens. Denn etwas, das schon vergessen schien, ist plötzlich wieder da. Wie war das Leben damals, was hat uns bewegt? Auf unserer Facebook-Seite wurden die veröffentlichten Fotos fleißig kommentiert, woraus wir hier einen Ausschnitt abdrucken. Auch hier heißt das Motto: „Gemeinsam erinnern".

So reisen wir in diesem Album durch die letzten 70 Jahre Rostocks. In der Abfolge der Aufnahmen orientieren wir uns an der Chronologie der Stadtgeschichte. Hier und da haben wir zu älteren Motiven ein neueres Foto gestellt, wenn es thematisch dazugehört oder eine Veränderung dokumentiert. Auf diese Weise entstand dieses Erinnerungsalbum – ein gemeinsamer und ganz besonderer Blick auf unsere Heimatstadt, zu dem viele, viele Rostocker beigetragen haben.

◀ Birger Bring hat dieses Foto beigesteuert: Kundgebung an einem 1. Mai in der ersten Hälfte der fünfziger Jahre am Neuen Markt.

Mathias Janzen
Die verbliebenen Häuser der Nordseite wurden erst mit der Fertigstellung der Langen Straße als Magistrale für die Aufmärsche und der Verlegung der Straßenbahn gesprengt.

Angela Lenz
Neben der Marienkirche hat meine Mutter mal gewohnt.

Sylke Plaumann
Wie fein sie gekleidet waren. Da hätte ich gern einmal mittendrin gestanden und mir alles angeschaut.

Aufbruch und Aufbau

Der Zweite Weltkrieg hatte auch in Rostock tiefe Spuren hinterlassen, der Neubeginn gestaltete sich nicht einfach. Die Stadt war stark zerstört, besonders betroffen war das Zentrum, die Gegend rund um Lange Straße, Breite Straße und Steinstraße. Unter der sowjetischen Besatzungsmacht kam das öffentliche Leben langsam wieder in Gang. Nach der Gründung der DDR 1949 wuchs Rostocks Rolle als Hafenstadt, was sich später im Bau des neuen Überseehafens zeigen sollte, der 1960 eingeweiht wurde.

Mit der Bildung der DDR-Bezirke 1952 wurde Rostock das wirtschaftliche, politische und kulturelle Zentrum im gleichnamigen Küstenbezirk. Die neue Rolle offenbarte sich auch im Stadtbild: Der Neuaufbau der Langen Straße von 1953 bis 1959 machte diese zur Vorzeigemagistrale, das Ostseestadion konnte eingeweiht werden, die beiden Werften wuchsen stetig. In Reutershagen entstand von 1953 bis 1957 das erste große Wohngebiet nach dem Krieg. Anderes verschwand leider: die Reste der Jakobikirche und das weitgehend intakte Petritor.

Ein Blick in die Rosa-Luxemburg-Straße zu den Maifeierlichkeiten Mitte der Fünfziger, dies ist eine Aufnahme von Günther Römer.

▲ Eine seltene Momentaufnahme von der Langen Straße, die „Bockwurstkirche" noch ohne Dach. Das Bild stammt von Günther Römer.

Thomas Ruwoldt
Eine Zeit der Versorgungsprobleme, selbst für die unvermeidliche Losung gab es gerade keine rote Farbe.

Roman Klawun
Schön grün.

Tina Linnenbank
Pferd und Wagen, kaum Autos.

Sen He
Das Foto ist top, der Aufbau der Hochhäuser – super.

Bożena Frischmuth
Ein Pferd!

▲ Auch in dieser Phase interessant: Die Lange Straße im Bau, hier zu sehen am Ende der Fünfziger. Dieses Bild kommt von Heinz Dieter Wittwer.

Frank U. Schubert
Wir sind 1959 ins Haus Nr. 9 eingezogen. Da war das Gerüst dann weg.

Östliche Altstadt, Rostock
Die Rostocker können stolz sein auf die Lange Straße.

▲ Die Lange Straße als Titelmotiv: So ein Heftchen des Nationalen Aufbauwerks (NAW) haben Thomas Lauch und Hans-Christian Volkmann aufgehoben.

Detlef Krause
Ich kann mich noch an Pläne erinnern, das Gebäude auf Rollen nach hinten zu verschieben. Ist aber dann wohl zu Gunsten des Abrisses aufgegeben worden.

Steffi Brock
Das Haus stand noch in der ursprünglichen Straßenfront. Dann wurde die Lange Straße ja verbreitert.

Christian Hehl
Danke, ich hab mich immer gefragt, was da vor dem Hochhaus stand.

Franzi Langheinrich
Krass. Da stand ja mal ein Haus zwischen!

▲ In dieser Ansicht steht das alte Wasserstraßenhauptamt in der Langen Straße noch, es wurde 1966 abgerissen. Das Foto kommt von Rudi Krause.

▲ Und hier zwei NAW-Klebemarken aus den Fünfzigern, die in die Aufbaukarte gehörten. Aufgehoben hat sie Thomas Lauch.

▲ Ein Blick von der Terrasse des „National“ in die Lange Straße. Ende der Fünfziger, das Hochhaus am Markt wird gerade gebaut, die Straßenbahn fährt aber noch nicht hier lang. Fotografiert hat Günther Römer.

◀ Hier biegt ein Moskwitsch in die gerade fertig gestellte Lange Straße ein, der Wagen scheint die Blicke auf sich zu ziehen. Ein Alltagsbild von Günther Römer.

Jörg Bednarzik
Feiner Sachsenring!

Rostock-Album
Ja, wahrscheinlich das schönste Auto, das in der DDR hergestellt wurde, der schwarze Sachsenring P 240.

◀ Dieter Raskop steuert diese im Bild festgehaltene Straßenszene bei. Und Besuch aus dem Ausland ist auch da.

Angela Lenz
Ja, auch wir waren immer gut besucht!

Michael Zumpe
Soooo schöööön!

Uta Ehlers
Und guckt erst mal den coolen Kinderwagen im Hintergrund an …

Raiko Treydte
Eines der schönsten Bilder der Langen Straße. So friedfertig und ruhig. Herrlich.

Gudrun Wendt
So einen hatte mein Vater in den Achtzigern auch, selber aufgebaut. Und während der Fahrt fiel ein Brett nach dem anderen ab.

Kerstin Gärtner
Da sind die Straßen noch so schön leer.

Andreas Hoheisel
Tolles Foto, viel Backstein mit kleinen Türmchen und die herrlichen Oldtimer. An die fahrende Holzmiete im Vordergrund kann ich mich noch gut erinnern …

Steffi Brock
Ein Auto aus Holz – das habe ich auch immer bewundert.

Frank Kreisler
Der Kastenwagen ist einfach super. Sieht so gemütlich aus, das Holz, als wäre es eine Idee von IKEA.

▲ Auch bei diesem Foto von Günther Römer aus dem Jahr 1960 ist die Magistrale gut im Blick. Besondere Aufmerksamkeit bekommt hier aber ein Auto, ein IFA-Holzkombi.

Rosenrot
Wirklich tolles Bild, unser Schaufenster ist auch mit drauf.

Marco Wegner
Dieses Bild suche ich schon seit Jahren! Mit dem kleinen Haus, das auf der Fläche vom Haus der Schifffahrt steht – es stand dort bis 18. März 1960.

▲ Rüdiger Grabowski notiert zu dem von ihm eingeschickten Bild, das Willy Dittmer fotografiert hat: „Lange Straße/Bussebart: Mit dem Bau des ‚Haus der Schifffahrt' war noch nicht begonnen worden, stattdessen sieht man noch Reste der historischen Bebauung der Fischerstraße, links die notdürftig wieder hergerichtete einstige Augustenschule."

Mladek Katzer
Wäre interessant, da heute mal lang zu gehen.

Torsten Rosenkranz
Einmalige Aufnahme, tolle Erinnerung.

▲ Das dazugehörige Straßengrün braucht Wasser – diese Momentaufnahme entstand kurz nach der Fertigstellung der Langen Straße. Auf den Auslöser hat Günther Römer gedrückt.

Petra Klein
Abendessen, bevor es in die Ostseegaststätte zur Disco geht!

▲ Weinstube, Tanz-Café, Restaurant und Bierstube – das „National" in der Langen Straße kurz nach der Fertigstellung Ende der Fünfziger. Günther Römer hat auch dieses Bild gemacht.

Torsten Lange
Einfach mal danke an Dr. Römer für die tollen Fotos ... Viele Fotos sind für mich eine Zeitreise in die Vergangenheit.

Rob Smart
Stark! Sieht aus wie aus einem amerikanischen Agententhriller.

Harri Engelmann
Das stimmt, wenn ich es mir jetzt von der Ferne betrachte, wirkt es wie bei Steven Spielberg. Neben mir schaute ein Junge aus dem Fenster, einer aus Hamburg, glaube ich, der rief: „Papa, guck mal, Franzosen!“ Die Soldaten waren schwer einzuordnen. Einerseits ein preußischer Uniformschnitt, andererseits russisch verbrämt, also irgendwie falsch …

Steffi Brock
Ja, das stimmt. Wenn das Foto zum Tag der Befreiung gemacht wurde – der ja gelegentlich auch mit einer Parade begangen wurde –, dann sind es sicher russische Soldaten selbst, die auf dem Lkw sitzen. Auf dem schönen Foto sieht man auch, dass die Frauen schon wieder sehr elegante Kleidung tragen.

Jan von Busch
Man erblickt die Lange Straße in ihrer Zweckbestimmung. Das sollte nicht vergessen werden.

▲ Von Harri Engelmann kommt dieses seltene Foto aus der Langen Straße: „Die Aufnahme stammt vermutlich aus dem Jahr 1957 oder 1958 und zeigt den Ausschnitt einer Militärparade der NVA“, so der Einsender.

◀▲ Die Bilder links und oben sind an einem 1. Mai in der Langen Straße entstanden, um 1960. Fotografiert hat Günther Römer.

Detlef Krause
Und alle Wohnungen schön anweisungsgemäß geflaggt, auch die meiner Eltern ist zu sehen. Zu erkennen ist vor allem auch, dass das letzte Haus Lange Straße 25 eine andere Fassadenfarbe hat, weil es später gebaut wurde als die anderen, und das Eckhaus mit „Bummi" kam noch später.

Iris Polat
Ja, es ging von der Rosa-Luxemburg-Straße zum Steintor über den Ernst-Thälmann-Platz bis Doberaner Platz. Meist haben wir uns in der Langen Straße verdrückt.

Gabriele Jahnel
Solange ich zur Schule ging und in der Lehre auch noch, mussten wir immer mitlaufen. Wie vorhin schon gesagt wurde, hat man sich beizeiten verkrümelt. Bis über den Ernst-Thälmann-Platz, weil da die Tribünen aufgebaut waren, und dann weg.

Bathseba Messal
So viel Grün. Wo ist das hin?

Detlef Krause
Unter die Räder gekommen. Eisen und Gummi.

Roland Klüglich
Diese Grünanlagen sind meistens im Nationalen Aufbauwerk oder als Eigenleistungen der Arbeiter-Wohnungs-Genossenschaft entstanden. Daraus resultieren natürlich auch hohe Achtung vor diesen Leistungen und wenig Trampelpfade und ähnliches.

◀ Steffi Brock schreibt: „Ich habe noch mal ein Foto von der Jakobikirche. Ganz links erkennt man ein kleines Stück von der Fassade des heutigen Schuhhauses Leiser. Die Baracke stand noch bis nach der Wende in der Pädagogienstraße."

Östliche Altstadt, Rostock
Tolles Bild, stand ja doch noch sehr viel, großer Verlust.

Detlef Krause
Ja, es ist aus heutiger Sicht eine Schande, die Reste der Kirche zu sprengen.

Hans Bentzien
In der Baracke befand sich ein Teil des städtischen Bauamts.

Silke Ziegler
Aus den Steinen dieser Kirche ist die heutige Johanniskirche gebaut worden.

◀ Günther Römer hat dieses Farbfoto aufgenommen, als die Reste der Jakobikirche noch standen. Das war Ende der Fünfziger.

Alexander Schneider
Auch wenn ich über 20 Jahre nach dem Abriss der Kirche geboren wurde, betrachte ich beim Anblick dieses Fotos ihren Verlust als außerordentlich schmerzlich.

Rosenrot
Vom jetzigen Kaufhofhintereingang fotografiert, klasse Bild. Schade, das die Kirche nicht mehr steht.

Manfred Wolff
Haben als Kinder noch darin gespielt.

Carmen Thiele
Das ist sooo interessant … vielen Dank!

Sen He
Tolles Foto, welches unsere Sammlung bereichert, danke Günther.

Sylke Plaumann
Der hieß echt Klaus-Störtebeker-Platz? Wann wurde der denn umbenannt?

Rostock-Album
Offenbar gleich nach dem Abriss der Kirchenreste, auf einem Rostock-Stadtplan von 1964 ist der Platz schon so benannt.

Vigo Stahlmann
Hinten sieht man das Textillager vom Kaufhaus „Korrekt" mit den schönen Industriefenstern. Wäre heute bestimmt ein schickes Loft mit Charme.

Hilmar Winkler
Der Traktor, das müsste ein RS 09 sein.

Steffi Brock
Geräteträger RS 09 mit Mistschaufel-Anbau.

▲ Landwirtschaft in der Rostocker Innenstadt? Nein, dies ist der damalige Klaus-Störtebeker-Platz, hier wird Anfang der Sechziger die Fläche nach dem Abriss der Kirchenreste eingeebnet. Günther Römer hat das im Bild festgehalten.

Dirk Peters
Auf dem Klaus-Störtebeker-Platz luden doch später die Finnhütten zum Imbiss ein. Um das Becken herum standen Tische. Hab da öfter mal gesessen und was gegessen.

Bi Ne
Gemütlicher als heute.

◀ Eine seltene Ansicht, die Rudi Krause aufgehoben hat: Wir blicken hinter die Lange Straße, wo die im Krieg schwer beschädigte Jakobikirche stand. Dieses Bild zeigt die Platzgestaltung in den Sechzigern, sogar mit einem kleinen Wasserbassin.

▲ Ein recht idyllischer Blick in die Schröderstraße – dies ist ein Foto aus den Sechzigern von Günther Römer.

Peter Lorenz
Mein Viertel, geradeaus links – Bäckerei „Nowak“ – kleines Weizenbrot 50 Pfennig, vor dem Sport oder morgens vom Tresen vorbeigezickzackt und frische Brötchen mitgenommen.

Gabriela Krohn
Und zum Wall hin war auf der linken Seite das „Wallrestaurant“.

▲ Wir schauen mal in die Paulstraße am Ende der Fünfziger, hinten ist die Poliklinik zu sehen. Günther Römer hat hier auch Fotografenkollegen im Bild festgehalten.

Karlheinz Schreiber
Das waren noch Zeiten! Die Straße noch nicht zugeparkt mit Autos. Ich glaube, selbst das Pflaster war zu der Zeit noch besser in Schuss als heute.

Peter Lorenz
Stück vorher war die Drogerie, das Haus neben dem Auto, da war Schreibwaren „Sager" drin.

Vigo Stahlmann
Der Balkon dürfte von Fleischer Timm sein, davor Drogerie, gegenüber „Sager" und davor Einfahrt zur Brauerei. Natürlich in den Siebzigern erst, ach, meine Kindheit, war und ist 'n schönes Viertel.

Andreas Ha
Hätte das Foto aus dem Küchenfenster machen können, wenn ich mich weit genug rausgelehnt hätte.

▲ Aus der Augustenstraße kommt dieses Bild, das in den Fünfzigern von Günther Römer aufgenommen wurde.

Ute Springensguth
Das muss 1955/56 gewesen sein, wir sind 1956 in die Dimitroffstraße eingezogen.

Steffen Hohaus
In der Dimitroffstraße 25 hab ich gewohnt – klasse Erinnerung – danke.

Vera Zieger
Da sind viele junge Familien inzwischen nachgezogen. Es wohnt sich toll in Reutershagen.

◀ Reutershagen im Bau: Hier geht die Sicht von den gerade entstehenden Häusern in der Georgi-Dimitroff-Straße (jetzt Schulenburgstraße) und in der Clara-Zetkin-Straße hinüber zur Hamburger Straße. Eingesandt hat die Aufnahme Gerd Engelmann, sie stammt von seinem Vater Manfred Engelmann.

Raiko Treydte
Ganz, ganz Klasse-Bild! Gegenüber war das Kinderkaufhaus. Da ging es immer hin, wenn ich bei Omi war. Die lebte in der Clara-Zetkin-Straße. Also eine Fußminute entfernt …

Susan Haeske
War bei mir genauso … Oma wohnte in der Clara-Zetkin-Straße und dann ging es in den Ferien immer da hin.

Helga Scheben
Es sah nicht nur schön aus, auch die Wohnungen waren sehr schön. Großer Balkon oder sehr großer Erker. Damals ganz modern, Gastherme für warmes Wasser, sehr schön.

Doreen Niemann
Da werden Erinnerungen wach … jede Sommerferien bei Opa in Reutershagen verbracht. Einfach mit der schönste Stadtteil.

Birgit Bastigkeit
Das Café im Hochhaus war ein beliebter Treffpunkt. Oder das Kinderkaufhaus. War da nicht auch der „Becher"? Hab in der John-Schehr-Straße gewohnt.

Marie-Luise Katzberg
In der Passage waren ein schönes Restaurant, ein Friseur, ein Schuhgeschäft – und im Kinderkaufhaus habe ich 1974 für mein Kind den Kinderwagen gekauft. Ich wohnte in Reutershagen II.

Ulrich Reymann
Einfach schön im Vergleich zu mancher Ideenlosigkeit der Gegenwart.

◀ Die Ernst-Thälmann-Straße in Reutershagen in noch ganz frischen Farben, festgehalten in einem Bild von Günther Römer.

Rostock sportlich

Bereits in der frühen Nachkriegzeit begann sich das Sportleben in Rostock wieder zu regen. Der Bau des Ostseestadions von 1950 bis 1954 im Rahmen des Nationalen Aufbauwerks war eine gemeinsame Leistung der Rostocker. Mit dem SC Empor – ab 1965 F.C. Hansa – wurde eine überregional bedeutende Fußballmannschaft ansässig. Die Sport- und Kongresshalle – die heute Stadthalle heißt – bot seit 1979 als Ergänzung zur Sporthalle in Marienehe Platz für entsprechende Veranstaltungen. Hier feierten die Handballer des SC Empor große, auch internationale Erfolge. Etwas in Vergessenheit geraten ist der Osthafenkurs – von 1952 bis 1954 eine Rennstrecke in Dierkow, auf der Rennwagen und Motorräder kreisten und kreischten. Nahe der Rennbahnallee am Barnstorfer Wald veranstaltete man zunächst Reitturniere, in den Achtzigern widmete man sich hier auch dem Speedway.

Von 1950 bis 1955 wurde die „Neptun"-Schwimmhalle erbaut, 1972 eine Trainingsschwimmhalle mit 50-Meter-Bahn angefügt. Zu den Sportstätten in diesem Bereich gesellte sich 1972 die Eissporthalle. Rostock trug auch zahlreiche internationale Sportveranstaltungen aus, zum Beispiel die Internationale Friedensfahrt, die 1961, 1966 und 1979 durch die Hansestadt führte.

▲ Reitsport in Rostock: „Das Turnier muss zwischen 1956 und 1961 gewesen sein, das Bild stammt von meinem Vater", schreibt Eckhardt Hackel. „Das ist die alte Rennbahn, in späterer Zeit wurde vor der Tribüne das Speedwaystadion errichtet."

Ralf Wöller
Tolles Radrennen.

Ivo Eibisch
Wow, kaum vorstellbar, im Friedhofsweg.

Steffi Brock
Dies ist der obere Teil des Friedhofsweges. Es geht in Richtung Saarplatz.

Ostsee Rocker …
Und rechts geht es in die Bergstraße rein.

▲ Ein Foto von der Internationalen Friedensfahrt – dieses Radrennen kam in den Sechzigern zweimal durch Rostock. Wir blicken in den Friedhofsweg, wo sich der Konvoi damals durchschlängelte. Eingesandt hat das Motiv Steffi Brock, Bildautor ist Günter Brock.

▲ Hier wird in den Außenanlagen des Ostseestadions gebuddelt, das Foto hat um 1960 Günther Römer aufgenommen.

▲ Das Ostseestadion nach seiner Fertigstellung in den Fünfzigern – fast menschenleer hat Günther Römer es damals im Bild festgehalten.

▲ Das Ostseestadion im Jahr 1964 – auf diesem Foto von Peter Dobbert sieht es noch fast aus wie neu.

Klaus Schütt
Als Schüler der Mannschaft der Herderschule hab ich hier einige Male Wettkämpfe bestritten, mir kam das Stadion damals riesengroß vor.

Barbara Schwarzer
Nostalgie pur … wo wir „Mitarbeiter"-Frauen dort mittwochs zum (bezahlten!) Rundlauf durften/mussten/konnten. Schönes Foto!

Andrea Neuenfeldt
1968 bis 1975 bin ich dort viele Runden bei Sportfesten gelaufen.

▲ Auf dem Rostocker Osthafenkurs in Dierkow wurden von 1952 bis 1954 Auto- und Motorradrennen bestritten. Dieses Programmheft hat Klaus Schütt aufgehoben.

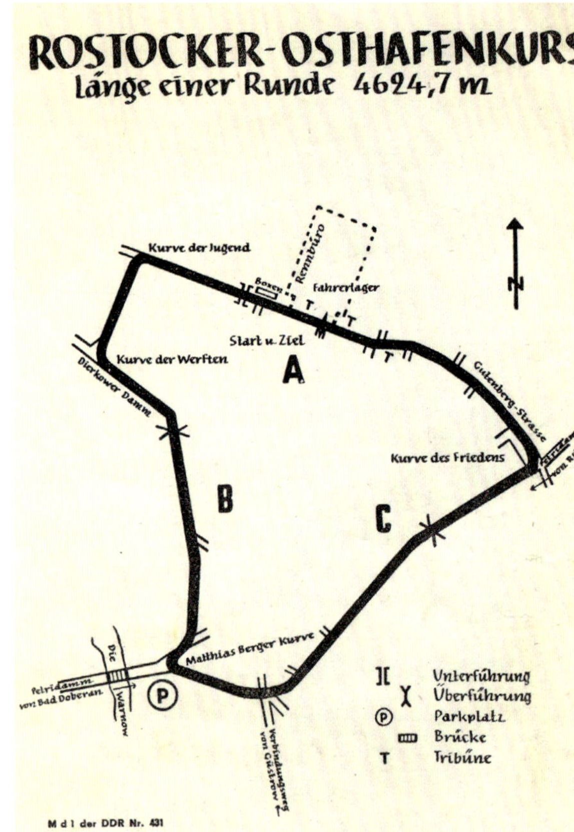

▲ Und das ist der Streckenverlauf der rund 4,6 Kilometer langen Runde. Auch der kommt aus dem Programmheft von Klaus Schütt.

Chris Mi Meußler
Einfach legendär!

Jan Decho
Wow! Dann sind das die alten Straßenbahngleise nach Gehlsdorf. Im Hintergrund der Stadthafen.

Klaus Schütt
Ich kann mich ganz schwach daran erinnern. Spannendes, heulendes Knattern – und es roch immer so schön …

◀ Und hier das Renngeschehen auf dem Dierkower Damm. Bildeinsender Gunnar Freimuth hat dieses Foto von seinem Großvater Hans-Jochen Freimuth übernommen.

Die deutsch-polnische Freundschaft – ein Bollwerk im Kampf um die Einheit Deutschlands und einen Friedensvertrag!

Anordnung der Rennleitung:

1. Die Rennstrecke ist ab Donnerstag, den 17. April 1952, 17.00 Uhr, bis Sonntag, den 20. April 1952, 20.00 Uhr, für jeden Verkehr, auch Fußgänger, gesperrt.
2. Vor Beginn des Trainings und des Rennens fährt der Einsatzwagen der Rennleitung und der Volkspolizei die Strecke ab und sperrt diese mit roter Flagge bis zum Schluß des Rennens. Erst wenn der Einsatzwagen der Volkspolizei nach Beendigung des Rennens die Strecke mit grüner Flagge abgefahren hat, darf die Strecke betreten werden.
3. Den Anweisungen der Volkspolizei und den durch Armbinden kenntlich gemachten Funktionären ist im Interesse einer glatten Abwicklung der Rennveranstaltung unbedingt sofort Folge zu leisten.
4. Das Überqueren der Rennstrecke während des offiziellen Trainings und Rennens ist grundsätzlich verboten.
   Gefahr für Fahrer und Zuschauer!
5. Das Ablegen und Wegwerfen von Gegenständen auf der Rennstrecke ist verboten.
6. Hunde dürfen, auch an der Leine, innerhalb des Gebietes der Rennstrecke nicht mitgeführt werden.
7. Parkt nur auf den offiziellen Parkplätzen, die durch Hinweisschilder gekennzeichnet sind.
8. Bei Unfällen nicht die Strecke betreten! Die nachfolgenden Fahrer werden gefährdet und der Schaden unter Umständen vergrößert. Es ist für ausreichende Erste Hilfe gesorgt.
9. Wer die Sicherungssperren (Strohballen, Schneezäune, Seile usw.) entfernt oder verändert sowie Sprechleitungen beschädigt, sabotiert das Rennen.
10. Errichten von Privattribünen an der Rennstrecke ist verboten.
11. Der Aufenthalt an der Rennstrecke ist nur mit den gültigen Eintrittsplaketten, die sichtbar zu tragen sind, gestattet.
12. Je disziplinierter der Zuschauer, um so reibungsloser und gelungener die Veranstaltung.

„Haltet Disziplin!“

Die Rennleitung

Durchführung des Rennens

Training

Das Training erfolgt klassenweise als freies Training zum Kennenlernen der Strecke und als Qualifikationstraining mit Zeitnahme.

Start

Startaufstellung nach schnellsten Trainingsrunden. Motorräder und Seitenwagengespanne: Rudelstart mit stehendem Motor. Sport- und Rennwagen: Rudelstart mit laufendem Motor.
Startzeichen: Lichtsignal rot = 1 Minute bis zum Start; gelb = 20 Sekunden bis zum Start; grün = Start.

Fahrregeln

Der Rostocker Osthafenkurs wird entgegen dem Uhrzeigersinn gefahren. Rechts fahren, links überholen!

Flaggenzeichen

Rot = Unbedingt und sofort halten! **Gelb** = Achtung, Gefahr! **Blau** (geschwenkt) = Strecke freimachen zum Überholen; rechts heranfahren! **Schwarz** (mit Nummernzeichen) = Halt für das betreffende Fahrzeug. **Gelb-Rot**-gestreifte Flagge = Vorsicht, Öl auf der Strecke! **Schwarz-Weiß**-kariert = Ende des Rennens.

Wertung

Gewertet wird die gefahrene Zeit, getrennt nach Klassen. Bei unvorhergesehenem Abbruch des Rennens erfolgt Wertung nach Entscheidung der Schiedsrichter.

Meisterschaftspunkte

Bei den Meisterschaftsläufen werden den placierten Fahrern folgende Punkte gutgeschrieben: Sieger = 6 Punkte; 2. Platz = 4 Punkte; 3. Platz = 3 Punkte; 4. Platz = 2 Punkte; 5. Platz = 1 Punkt. DDR-Meister wird der Fahrer, der bei Ende des Rennjahres die meisten Punkte erkämpft hat. Bei Punktgleichheit entscheidet bei den Kategorien Motorräder und Seitenwagengespanne der Sieg auf der Halle-Saale-Schleife, bei den Sport- und Rennwagen der Sieg beim Leipziger Stadtparkrennen.

Hilfe für Fahrer

Bei Motorschäden oder Zwischenfällen darf den Fahrern keine Hilfe geleistet oder die Maschine angeschoben werden. Für Stürze oder Unglücksfälle steht allein der Sanitäts- und Absperrdienst bereit.

▲ Im Programmheft von Klaus Schütt ist u.a. die Anweisung zur „Durchführung des Rennens“ zu finden. Unser Einsender weist auf die interessante Formulierung hin: „Im Kampf um die Einheit Deutschlands ...“. Damals waren in Rostock Rennsportler aus Ost und West vertreten.

Kai Morawetz
Davon könnte es auch einmal eine Neuauflage geben.

Rostock-Album
Kann man sich mittlerweile gar nicht mehr vorstellen – ein Autorennen in der Stadt. Aber in Monaco machen sie das heute noch.

Peter Bianka Grälert
Oh toll ... wusste gar nicht, dass Rostock eine Rennbahn hatte, bis ich neulich einen Artikel las.

Klaus Schütt
Klasse Bild, was so alles aus der Versenkung hervorkommen kann, hervorragend.

Bruno Kreß
Als Dierkower Jungs haben wir am „Pasterberg“ gesessen und waren als kleine Stifte hin und weg vom Krach. Besonders die Beiwagenrennen sind mir in Erinnerung geblieben, obwohl ich noch klein war.

Vigo Stahlmann
Sieht verdammt nach Porsche 550 Spyder aus ... Respekt für den Rostocker Kurs, heute unbezahlbar. Mein Vater erzählte oft vom Osthafenkurs.

▲ Dieses Foto vom Osthafenkurs 1953 hat Dieter Raskop herausgesucht. Er schreibt dazu: „Ich hatte damals mit 14 Jahren einen ‚Presseausweis' über die Schule ergattert und konnte somit direkt an Start und Ziel in der Gutenbergstraße Bilder machen.“

Visionen für Rostock

Städtebauliche Visionen gab es immer wieder für Rostock. Einige wurden umgesetzt, andere glücklicherweise nicht. Nach dem Krieg und seinen Zerstörungen war viel Raum für Visionen und zuweilen auch deren Umsetzung; so veränderte der Bau der Langen Straße 1953 bis 1959 das zentrale Stadtbild stark. Westlich der Langen Straße sollte sich eigentlich noch ein Theaterplatz anschließen. Doch die großen Pläne der DDR-Führung in diesem Areal, auch für die Kröpeliner-Tor-Vorstadt, blieben zumeist Utopie. Das galt auch für die nie gebaute Brücke über die Warnow. Die Querungs-Idee sollte erst mit der Eröffnung des Warnowtunnels 2003 auf andere Weise umgesetzt werden.

Besonders in den Sechzigern gab es weitere Visionen – für die Neubaugebiete im Nordwesten, für Warnemünde, für den Zoo. Vieles sollte nicht so kommen, Rostock veränderte in anderer Form sein Gesicht. Glück hatte die Stadt aber, dass hier gleich vier Hyparschalen-Bauten nach Entwürfen von Ulrich Müther verwirklicht wurden: der „Teepott“ in Warnemünde, das „Kosmos“ in der Südstadt, die Mehrzweckhalle in Lütten Klein, zudem ein Bau auf dem ehemaligen Messegelände in Schutow.

▲ Jürgen Altmann hat uns dieses Klebeheftchen des Nationalen Aufbauwerks (NAW) aus den Fünfzigern überlassen. Abgebildet ist auch die Planung der Langen Straße, an die sich am westlichen Ende offenbar noch eine Platzgestaltung anschließen sollte.

▲ Der Rammschlag zur Grundsteinlegung der Brücke über die Warnow 1970. Zur Bauausführung des Projektes kam es zwar nie, doch Werner Murawski hat diesen Moment damals festgehalten.

Stefan Hinrichs

Es gab 1966 einen Generalverkehrsplan für Rostock, der bis zum Jahr 2000 umgesetzt werden sollte. Da waren einige Bauprojekte drin, die erst nach der Wende realisiert wurden, z.B. die Straßenbahnerweiterung in den Nordwesten oder der Warnowtunnel. 1972 legte Rostock einen überarbeiteten und abgespeckten Generalverkehrsplan vor.

Klaus Döbler

So eine Brücke war immer im Gespräch in den Sechzigern, vom Kanonsberg rüber nach Gehlsdorf.

◀ Diese Broschüre vom Anfang der Sechziger hat Christian Pagenkopf aufbewahrt. Abgebildet ist das geplante Lütten Klein. Zu sehen ist auch die Straßenbahntrasse, die erst viele Jahre nach Fertigstellung des Stadtteils gelegt wurde.

Christian Pagenkopf
Ein Heft der SED-Stadtleitung, Anfang der sechziger Jahre erschienen. Hierin werden in schönen Architekturzeichnungen die Planungen vor allem für die neuen Stadtteile dargestellt. Der Text zu dieser Zeichnung: „Zwischen dem alten Stadtkern von Rostock und dem Stadtteil an der See, Warnemünde, gegenüber dem neuen Überseehafen, wird in den Jahren 1963/64 ein großes Wohngebiet mit über 50000 Einwohnern entstehen. Es wird nach dem dort gelegenen Dorf Lütten Klein genannt. Blick in die zentrale Querachse mit Straßenbahn und Wohnkomplexzentrum."

Jörg Brosche
Mit Delfinarium in den Dünen.

▲ Und noch eine der Zukunftsvisionen, die es in den Sechzigern für Rostock gab: ein neuer Teepott mit Terrasse und Außenbecken. Es ist aber dann anders gekommen.

Christian Pagenkopf
Auf dieser Zeichnung ist noch der historische Teepott zu sehen. Dass der Teepott heute nicht mehr aussieht wie eine Keksdose, haben wir vor allem dem Bauingenieur Ulrich Müther (1934–2007) zu verdanken, der für die statischen und bautechnischen Grundlagen der damals futuristischen Dachschalenkonstruktion verantwortlich war.

Elisabeth Freitag
Sehr interessant; ganz besonders die Bezeichnung „Stadtteil an der See, Warnemünde".

▶ Ein weiterer Blick in die Broschüre von Christian Pagenkopf. Ein Volkspark war in den Sechzigern dort geplant, wo heute der IGA-Park liegt. Enthalten in den ursprünglichen Entwürfen ist auch ein Stadion.

So ungefähr könnte das Stadion im Volkspark aussehen

▲ Große Pläne gab es Anfang der Sechziger auch für den Rostocker Zoo, zu betrachten in diesem Prospekt. Besonders spektakulär erscheint heute das gegenüber der „Trotzenburg" geplante „Ostsee-Aquarium". Dieses Fundstück haben wir Jörg Schröder zu verdanken.

Roland Klüglich
Das muss vor Mai 1961 gewesen sein, ab diesem Zeitpunkt fuhr die Straßenbahn durch die Lange Straße!

Peter Bianka Grälert
Da konnte man noch durchs Tor gehen.

Steffi Brock
Man beachte auch den schönen altertümlichen Oberleitungs-halte-Metallträger für die elektrische Leitung.

◀ Das Kröpeliner Tor mit Rostocker Alltagsleben davor. Das Foto von Günther Römer entstand um 1960.

Rostocks „Wohnzimmer"

Das öffentliche Leben in der Stadt spielt sich zumeist in der Kröpeliner Straße, in der Langen Straße und in der Breiten Straße ab. Hier ist sozusagen das „Wohnzimmer" Rostocks. Diese Gegend veränderte mit der Zeit immer wieder ihr Gesicht. Nachdem 1961 die Straßenbahntrasse aus der Kröpi in die Lange Straße umgezogen war, kam die Gelegenheit, die Kröpeliner Straße zur Fußgängerzone umzugestalten. Auch die Breite Straße, die heimliche Hauptstraße Rostocks, hat ihre Ansicht im Laufe der Jahrzehnte verändert.

Henrik von Bülow
Da es ein Trabant Kombi ist, ist das Foto sehr wahrscheinlich von 1960 oder später.

Steffi Brock
Toll sieht das Auto aus. Das waren die Farben der Zeit.

Andreas Raatz
Serienmäßig gab es das Faltdach im Trabant Camping, welcher auf Basis des P50/2 im Sommer 1962 vorgestellt wurde!

Sylke Plaumann
Wie sind die Damen damals auf dem Pflaster nur gelaufen, ohne sich die Beine zu brechen?

▲ **Dieses Bild ist in der Kröpi um 1960 entstanden. Damals gab es im Bereich Uniplatz noch Verkehrsinseln. Bildautor ist Günther Römer.**

▲ Die Breite Straße am Ende der Fünfziger, gut zu erkennen der Schriftzug „HO WARENHAUS", das Gebäude war die Fortsetzung des Kaufhauses „Hansa", später „CENTRUM". Das Bild kommt von Günther Römer.

Iris Polat
Unten in der Breiten Straße gab es Fahrräder. Und daneben war ein Bäcker.

Meike Jaschewski
Ich habe es dann als „CENTRUM"-Warenhaus kennen gelernt und in der Heimwerkerabteilung Ferienarbeit gemacht – und das als junges Mädel.

Detlef Krause
Ein Cabrio und der gute Papp 70 auf der Straße. Einfach herrlich.

Vigo Stahlmann
Unten war die Heimwerkerabteilung.

Claus Vongehr
Und gleich an der Ecke rechts in der Breiten Straße gab es die Riesenbratwurst für nur eine Mark.

◀ Rührendes Alltagsbild aus den Sechzigern, beigesteuert von Günther Römer. Hier ein Blick auf den Bereich, in dem sich Uniplatz, Kröpi und Breite Straße treffen.

Thomas Ruwoldt
Lieber festhalten, bevor das Schild umfällt.

Sylke Plaumann
An die Mülleimer kann ich mich erinnern, die müssen noch in den Siebzigern gestanden haben.

Alexander Schneider
Die Baracke aus Kriegszeiten wurde über 40 Jahre alt …

Heide Schmugler
Da kommt kein Pferd auf die Straße.

Bruno Kreß
Starke Mode!

Roland Klüglich
Waren ja auch sehr praktisch, passten in jede Tasche, waren stets griffbereit, allerdings nicht atmungsaktiv.

Steffi Brock
Ich glaube, die eine Frau trägt – man kann mich gerne berichtigen – eine sogenannte Nato-Plane. War sehr beliebt.

▶ Am Uniplatz 1968, im Hintergrund ist noch die alte Barackenladenzeile zu sehen. Interessantes Verkehrszeichen oben! Bildautor ist Günther Römer.

Uwe Haentschke
Wie sauber die Straße ist.

Doreen Siefke
Ist eine schöne Aufnahme.

▲ Eine Alltagsszene von 1961, in der Kröpeliner Straße hat damals Günther Römer fotografiert.

Dirk Peters
Wimpel- und Lichterketten, man beachte die Glühlampen zwischen den Wimpeln. Es wird wahrscheinlich für die Ostseewoche geschmückt. Fahnen, Friedenstauben und in der Mitte das Ostseewoche-Logo am Schaufenster des Industrie-Ladens.

Sen He
Stimmt, das war zur Ostseewoche 1961.

◀ In der Kröpi ist der alte Straßenbahn-Fahrdraht entfernt, dafür gibt's Wimpelketten. Das Foto ist kurz nach der Verlegung der Straßenbahn in die Lange Straße entstanden, die 1961 erfolgte. Aufgenommen hat es Günther Römer.

▲ Die liegengebliebenen Straßenbahnschienen in der Kröpi wurden mit Bitumen vergossen. Auch dieses Foto von Günther Römer kommt aus dem Jahr 1961.

Heike Zigann
Wenn ich mir dieses Bild anschaue, denk ich mir: Was haben diese Männer schon alles durchgemacht, den Krieg überlebt und am Aufbau einer neuen Gesellschaftsform beteiligt. Sie haben sich alle so viel Mühe gegeben, um ein schönes Rostock wieder aufzubauen.

Rob Smart
Fünf Männer mit Eimer oder Gießkanne und vier am Tankwagen. Da musste wohl was schnell fertig werden? Entweder stand der 1. Mai oder der 7. Oktober bevor.

▲ Ein Foto von Jörg Jalaß. Wir blicken in die Breite Straße im Juni 1990, kurz vor der Währungsunion.

Frank-Michael Zink
Täuscht das, oder ist die heute nicht mehr so breit wie auf dem Foto?

André Manni Manta
Haha! Mein erster Gedanke war auch: Ist das dort nicht schmaler heute?

Mitko Angelow
Und vorne links war „Jugendmode“.

Ka Sa
Oh ja, ich erinnere mich auch noch lebhaft! Aber wenn ich an das „CENTRUM“-Kaufhaus denke, fallen mir diese verbauten Treppenhäuser ein, viel Glas und Holzgeländer.

Regina Banouas
Capitol-Kino – viele gute Filme da geschaut!

▲ Auf dieses Foto haben viele gewartet – Jörg Schröder hat diese Aufnahme von seinem Vater Heinz beigesteuert. Die Breite Straße 1975, noch mit dem Imbiss an der Ecke. Für viele Rostocker verbindet sich damit eine ganz besondere Erinnerung.

Birgit Bodecker
Ja, die Riesenbratwurst! Vorher stand man lange an, um eine Marke zu kaufen, die Wurst kostete eine Mark und die Mandora 35 Pfennige.

Backterie Martin
Riesenbratwurst und Schaschlik. Erst Marke kaufen, dann Futter holen.

Friedjoff Kister
Da hat Helga Bratwurst verkauft und dahinter war ein kleiner Kiosk, da holte man sein Bier.

Rob Smart
Super! Endlich ein Foto von der legendären Bratwurstbude! Im Winter wurde die Mandora übrigens auch als Heißgetränk verkauft.

▲ Mitte der Achtziger, das „Café Rostock“ entsteht. Auch diese seltene Aufnahme kommt von Heinz Schröder.

Ellen Senf
War in den Achtzigern regelmäßig Gast im „Café Rostock“, erinnere mich gerne.

Roy Kop
In der Gaststätte war Geld auf den Fußboden geklebt. Und wer das nicht wusste, hat versucht es aufzuheben.

Torsten Lange
Mein Gott, wie viel Zeit ich hier verbracht habe …

Vigo Stahlmann
Szenetreff der Rostocker Avantgarde … aber wir Popper und Grufties waren fast jeden Tag nach der Schule oder Lehre dort und haben Stunden bei einer Tasse Kaffee oder einer Cola verbracht, meistens zum Unmut der Kellner. Eine tolle Zeit.

▲ Dieses Bild hat Heinz Schröder 1959 zum VI. Parlament der FDJ aufgenommen. Zu sehen ist der Uniplatz mit der Baracken-Ladenzeile, die noch bis in die Siebziger stand. Im Hintergrund ist auch der Rest der Jakobikirche zu erkennen.

Bernd Wagemeyer
Da war auch noch ein Lottostand drin mit Hauptgewinn Trabant.

André Manni Manta
Das mit dem Trabant habe ich die ganze Zeit im Hinterkopf. Jetzt wurde das bestätigt. Super!

Gabriela Krohn
Und am 1. Mai stand genau an der Ecke zur Breiten Straße ein Eiswagen, da gab es Russisch-Eis für 'ne Mark und Eiszapfen für 30 Pfennige.

André Manni Manta
Ich habe gelesen, dass diese Baracken schon im Krieg gebaut wurden. Stimmt das? Immerhin passt der Stil nicht so richtig zur DDR, finde ich.

Mathias Janzen
Es gibt Luftaufnahmen von 1944, auf denen die Baracken bereits zu sehen sind. Sie sind tatsächlich kurz nach den ersten Bombenangriffen 1942 entstanden.

▲ Von Jörg Schröder haben wir diese seltene Aufnahme bekommen, sie stammt von seinem Vater Heinz Schröder. Die Barackenzeile am Uniplatz war ein Provisorium, das viele Jahrzehnte hielt. Hier ist sie kurz vor dem Abriss für das Fünfgiebelhaus zu sehen, Anfang der Achtziger.

▲ Die Baracken am Uniplatz sind abgerissen, die ersten Elemente für das Fünfgiebelhaus stehen. Auch dieses seltene Motiv kommt von Heinz Schröder.

Karsten Greßler
Ich habe sehr aktiv am Fünfgiebelhaus mitarbeiten müssen, als Bauschlosser im Wohnungsbaukombinat.

Ostsee Rocker
Von 1989/90 hab ich dasselbe Motiv auch mal irgendwo gesehen. Ich finde es sehr interessant, dieselbe Perspektive zu den verschiedensten historischen Ereignissen zu vergleichen.

Arbeiten, einkaufen, erholen

Rostocks Zentrum war im Laufe der letzten Jahrzehnte oft Schauplatz für Demonstrationen und Feierlichkeiten. Besonders zur DDR-Zeit, als der Neue Markt Ernst-Thälmann-Platz hieß. Damals wurden auch Steinstraße, Richard-Wagner-Straße und August-Bebel-Straße in Großveranstaltungen einbezogen. Während die Demonstrationen zum 1. Mai eher als Pflichtprogramm angesehen wurden, waren die Veranstaltungen der von 1958 bis 1975 jährlich stattfindenden Ostseewoche beliebt.

Viele Rostocker kamen zum Arbeiten in die Innenstadt. Auch die großen Einkaufsmöglichkeiten waren zentral gelegen, dafür wurden zum Teil weite Wege in Kauf genommen, besonders aus den Neubaugebieten. So eine Fahrt stellte vor allem für Kinder einen spannenden Ausflug dar. Und abends lockte die Erwachsenen die Gastronomie, die in der Innenstadt reichlich zu finden war.

◄ Eine Kundgebung in den Fünfzigern auf dem Neuen Markt, der in der DDR ab 1952 Ernst-Thälmann-Platz hieß. Diese Aufnahme kommt von Günther Römer.

▲ Diese besondere Szene hat Werner Murawski 1965 in der August-Bebel-Straße festgehalten. Rechts steht noch der „Mecklenburger Hof", später das „Gastmahl des Meeres".

Steffi Brock
Es war ein Jubiläum, 20 Jahre Ende des Zweiten Weltkriegs, denn Semjon Dimitrewski, der als Befreier Rostock galt, guckt aus der Panzerluke. Er war zu besonderen Anlässen Ehrengast.

Harri Engelmann
Ja, das war 1965. Die haben sozusagen eine Szene aus dem Krieg nachgespielt.

Carmen Thiele
Erinnere mich. Interessant und gleichzeitig angstauslösend für ein Kind.

Sylke Plaumann
Das war bestimmt für so manchen, der den Krieg noch miterlebt hat, bedrohlich.

▲ Hier eine Aufnahme von der Demonstration zum 1. Mai 1965, entstanden in der Richard-Wagner-Straße. Werner Murawski hat damals auf den Auslöser gedrückt.

Holger Ahrens
Genau, an der BDVP vorbei, Straße Am Güterbahnhof!

Carmen Thiele
Sehr interessant. „Niemand hat die Absicht, eine Mauer zu errichten" – Ulbrichts Bild ist auch noch zu sehen.

▲ Dieses Foto hat Gunnar Freimuth von seinem Großvater Hans-Jochen Freimuth bekommen. Anlass für dieses Motiv war das VI. Parlament der FDJ, das im Mai 1959 in Rostock stattfand, der Demonstrationszug biegt gerade in die Lange Straße ein. Hinten links ist die Christuskirche zu sehen, die bis 1971 stand.

Mark Antonius Pfennig
Das ist der Festumzug zur Eröffnung des VI. Parlaments der FDJ vom 12. bis 15. Mai 1959.

Sen He
Das Motto des Festumzuges lautete: „Chemie gibt Brot, Wohlstand und Schönheit." Ich hatte auch so ein tolles Kleid.

Johanna Bundschuh
Die Kleider damals waren wunderschön!

Tabea Strandgut
Die Kleider wären jetzt wieder der Hit!

Gabi Zepp
Wie schön die Kleider doch waren, meine Mama hatte damals auch eins in Grün und grüne Pumps dazu.

▲ Eine weitere Aufnahme des Demonstrationszuges 1959 in der neu erbauten Langen Straße, auch dieses Bild reicht Gunnar Freimuth von seinem Großvater weiter.

◀ Tanzmusik der Fünfziger – unser Gegenstück zu den Beatles waren die Rostocker Jungs. Fotografiert hat sie damals Günther Römer.

Steffi Brock
Voll süß!, würden junge Mädchen heute wohl sagen.

Rico Lange
Na, das waren doch noch Rock'n'Roller.

Detlef Krause
Das nennt man heute relaxen.

Sturmhard Tempelfeld
Socken in Sandalen!

◀ Ein Blick in die Wallanlagen – das sieht nach einem entspannten Tag mit Lektüre der „Fußballwoche" aus. Günther Römer hat diesen Moment festgehalten.

◀ Freizeitsport in Rostock – Günther Römer hat dieses Bild Ende der Sechziger aufgenommen. Kegelbahnen gab es an mehreren Orten in Rostock.

Ole von Rostock
Ich meine, das ist neben dem Sportforum. Im Hintergrund ist der alte Turm des Ostseestadions zu sehen.

Andrea Neuenfeldt
Die Kegelbahnen konnte man auf- und abbauen. So waren sie flexibel einsetzbar.

Steffi Brock
Ich glaube, die Häuser, von denen nur das obere Geschoss zu sehen ist, sehen eher nach Stampfmüllerstraße aus. Also Vögenteichplatz.

Franz Spychala
Das muss länger her sein – ich glaube, der Standort war der alte Vögenteichplatz, auf dem ein paar Jahre lang auch der Pfingstmarkt stattfand.

Karlheinz Schreiber
Ich denke Elisabethwiese, da war früher Weihnachtsmarkt, Pfingstmarkt, und sehr oft standen dort auch die Zirkuszelte.

Horst Rothe
Für einen Zirkus kamen früher nur zwei Standorte in Frage, der Vögenteichplatz und die Elisabethwiese. Und wie es so aussieht, war es die Elisabethwiese.

Kerstin Hoff
Zirkus und Rummel kenne ich eigentlich nur auf der Elisabethwiese bis etwa 1974.

Werner Kloth
Es ist der Vögenteichplatz, damaliger Rummel- und Zirkusplatz.

▲ Der „Zirkus Hill" war in der Stadt, dieses Foto haben wir von Günther Römer erhalten. Zum Standort gab es allerdings widersprüchliche Angaben – Elisabethwiese oder Vögenteichplatz?

Vigo Stahlmann
Da wurde noch Fisch in Zeitung eingewickelt.

Jens Wolter
Sieht fast aus wie die originale Min Herzing.

Peter Lorenz
Da hat das Kilo Dorsch noch eine Mark fünfzig gekostet und die Dorsche waren größer.

Bernhard U. Bryan Burmeister
Das Foto ist beim Kröpeliner Tor entstanden.

◀ Diese Fischverkäuferin wurde in den Sechzigern von Günther Römer fotografiert. Die Aufnahme entstand unweit der Langen Straße, die im Hintergrund zu sehen ist.

Heide Schmugler
Ja, da gab es lebende Hühner und Enten und alles, was der Kleingarten hergab.

Anke Meyn ...
und es wurde noch Rostocker Platt gesprochen!

Frank Rusch
Und das Gemüse schmeckte noch nach dem, was es war!

Roland Klüglich
Das Gemüse sieht aber ganz schön lädiert aus, solch ein Blumenkohl war zwar 100 Prozent Bio, der Markthändler hat ja offensichtlich mit dem Putzen viel zu tun.

Andreas Löbert
Oben links in der Ecke sieht man die Bäume vom Rosengarten!

▲ Auch dieses Bild von Günther Römer zeigt einen Markttag, diesmal auf dem Glatten Aal.

Mathias Rose
Bin in der Gertrudenstraße groß geworden. Das war bis zur Wende unser Konsum.

Christel Pulgam
Ich kann mich auch noch daran erinnern, daneben war das „Modehaus Jensen".

Peter Pfeiffer
„Quick" war bis zur Wende ein ganz normaler Konsum, der aber relativ schnell geschlossen wurde.

Hinrich Bentzien
Der Laden hatte bis 1993 oder 1994 auf.

Ettigirb Rog
Habe nebenan gewohnt, immer dort eingekauft, kann mich noch an die Konsum-Marken erinnern. Butter war auch mal knapp, gab es auf Marken, trotzdem war es schön.

Peter Lange
Vielleicht konnte man dort neue Schnapssorten probieren??

▲ Diese Aufnahme vom Gertrudenplatz von 1968 steuert Rudi Krause bei. Der „Konsum Quick" weckt viele Erinnerungen.

▲ Hier sind wir näher am „Konsum Quick" und können die Schnäpse aus Güstrow besser sehen. Auch diese Aufnahme kommt von Rudi Krause.

Silvia Zöllner
Das war Ecke Fritz-Reuter-Straße.

Phini Eingrieber
War ich oft mit Mama drin …

Heike Schmidt
Links daneben war die Fleischerei Arndt. Dort war freitags immer anstehen angesagt.

Lina Hellinger
Habe freitags auch oft angestanden …

▲ Ein Blick ins Jahr 1988, im Bild ist die Kröpeliner-Tor-Vorstadt, die Waldemarstraße. Jörg Schröder hat diesen Textil- und Kurzwaren-Laden fotografiert.

▲ Das Herrenkaufhaus „Korrekt" in der Kröpi im Jahr 1965. Werner Murawski hat es im Bild festgehalten.

Mathias Janzen
Das ehemalige Kaufhaus „Wertheim", das erste richtige Kaufhaus Rostocks. Im Krieg beschädigt, wurde es 1949 an die Konsumgenossenschaft übereignet, die dort bis zur Wende das Herrenkaufhaus „Korrekt" betrieb.

Klaus Döbler
Hier habe ich öfters als Seemann eingekauft und für die Ingenieur-Schule in Warnemünde einen Anzug gekauft, der hat allerhand durchmachen müssen.

Renate Braun
Habe in diesem Kaufhaus gelernt. Nach der Lehre habe ich etliche Jahre als Textilfachverkäuferin dort gearbeitet.

▲ Der Obstladen „fruto" am Hauptbahnhof – links ist die Fußgängerbrücke zu erkennen, die hinüber zur Südstadt führte. Das Bild wurde 1967 aufgenommen und von Stefan und Henning Baudler eingesandt.

Jörg Engel
Das Bild habe ich auch noch in meinen Erinnerungen vor mir, auf der anderen Seite im Dieselmotorenwerk war mein Kindergarten.

Mark Antonius Pfennig
Später stand dort ein massiveres Büdchen mit gemischtem Angebot. Über die Fußgängerbrücke musste ich mal mit 'nem Kumpel einen Saporoshez-Motor schleppen. Seitdem wusste ich, wie viel Stufen die Treppe hatte!

Gila Rostock
Ach, wie schön, die alte Brücke zur Südstadt, das waren noch schöne Zeiten, bin oft zur Arbeit drüber gegangen zur Osthalle.

▲ Hier eine Werbung für den Industrie-Laden in der Steinstraße, Thomas Lauch hat sie aufgehoben.

Jörg Brosche
In diesem Geschäft hat meine Oma gearbeitet

Ilona Rolke
Herrlich, wer kennt denn heute noch Wolpryla, einfach toll, man hat es ja schon vergessen.

Cornelia Vitzthum
Die Namen der Materialien sind einmalig.

Thomas Lauch
Wolle dürfte allen bekannt sein. Bei Grisuten – was ist das? – sträubt sich innerlich was bei mir.

Mecha Nick
Grisuten war eine Polyesterfaser, produziert im VEB Chemiefaserwerk Premnitz.

▲ Am Bahnhofsvorplatz 1964: Hier ist das Bahnhofs-Hotel zu sehen, im Bild festgehalten von Werner Murawski.

Mike Slobidnyk
Vorne links, wo der kleine Anbau zu sehen ist, war in den Siebzigern ein Imbiss drin. Da gab es ganz leckere Bouletten. Dort haben wir auf dem Weg von der Schule nach Hause oft unser Taschengeld ausgegeben – und die Fasscola war lecker.

Karsten Greßler
Genau, der Imbiss war spitze!

Peter Bianka Grälert
Schönes Bild, wer da alles gearbeitet hat, viele alte Kollegen.

Angelika Schoder
Hier war ich oft tanzen. Kleine Tanzfläche, aber immer ein schöner Abend.

Horst Rothe
Dort hatte ich Lokalverbot. Und das nur, weil wir ohne Musik bei Stromausfall weiter getanzt hatten.

Thomas Lauch
Das TC hat schon viele Betreiber kommen und gehen sehen! Oben war eine Tanzbar, schwer reinzukommen!

Karsten Happy Günther
Zweite „Heimat" in den Siebzigern – bei Bärbel & Siggi!

Uschi Groth
Haben im TC öfters mal ein Bierchen getrunken, bin in der Rembrandtstraße aufgewachsen.

▲ Das Terrassen-Café um 1960, eine beliebte Einkehrmöglichkeit. Thomas Lauch hat diese Postkarte des Verlages „VEB Bild und Heimat Reichenbach i. V. (Darr)" bereitgestellt.

Christel Müller
Schade, dass das Logo an der Hauswand verschwunden ist. Das war auch ein Markenzeichen von Rostock.

Cornelia Schenk
Die Firma hatte ab 1959 eine staatliche Beteiligung, ab 1972 wurde sie zum VEB Kornbrand mit Dr. Hartwig Lehment als Direktor, man kann es auch Enteignung nennen.

Lutz Sobczak
Probierstube, so manches Mal nach Feierabend dort eingekehrt und ein paar Gläser zu uns genommen, war 'ne schöne Zeit.

Torsten Rosenkranz
Kenne ich auch noch. War doch 'ne super Werbung in der DDR.

▲ Die Giebelwand mit der Kornbrand-Werbung in der Kröpi, zu sehen ist auch der flache Anbau, in dem sich die Probierstube befand. Cornelia Schenk hat dieses Motiv aus dem Jahr 1970 bereitgestellt, es kommt aus ihrer Familienchronik.

Bereich PROVIANT empfiehlt:

1

Fischfilet ungarisch
Kartoffelbrei
gemischtes Kompott

Materialeinsatz

Fischfilet	1 500 g
Salz	
Kräuter	10 g
Zitrone (1 Stck.)	125 g
Butter	50 g
Speiseöl	100 g
Zwiebeln	200 g
Gemüsepaprika	300 g
Tomaten	400 g
Salz, Gewürzpaprika, Essig	
Zucker	10 g
Schnittlauch	20 g
Kartoffeln (netto)	2 000 g
Trinkvollmilch	200 ml
Salz, Muskat	
Gem. Kompott	1 500 g

Bemerkung:
Die Gemüsepaprika in Streifen schneiden, dünsten, pikant abschmecken und auf dem Fischfilet anrichten.

2

Gebratenes Fischfilet
mit Schnittkäse

Fischfilet	1 200 g
Zitrone	1 Stck.
Mehl W 630	100 g
Eier	2 Stck.
Milch	100 g
Semmelmehl	150 g
Salz, Edelsüßpaprika	
dünne Scheiben Schnittkäse	10 Stck.
Öl	100 g

Bemerkung:
Das vorbereitete Fischfilet panieren und in heißem Öl auf beiden Seiten fast fertig braten. Auf jede Filetscheibe eine Käsescheibe legen und die Pfanne mit einem heißen Deckel zudecken. Sobald der Käse zu schmelzen beginnt, denselben mit etwas Edelsüßpaprika bestreuen. Mit Kartoffeln, Kräuter- oder Remouladentunke und Blattsalat zu Tisch geben.

3

Gefüllte Rotbarschröllchen
Petersilienkartoffeln, Kirschkompott

Materialeinsatz

Rotbarschfilet	1 200 g
Schweinefleisch o. K.	200 g
Semmelmehl	40 g
frische Pilze	50 g
Gewürzgurke	30 g
Zwiebeln	50 g
Margarine	50 g
Essig, Zitronensaft, Senf	
Kartoffeln	2 000 g
Petersilie	20 g
Kirschkompott	1 500 g

Anmerkung
Die Rotbarschfilets der Länge nach halbieren, mit Essig oder Zitronensaft beträufeln und mit etwas Senf bestreichen. Eine Hackfleischmasse bereiten, mit gehackten, gedünsteten Pilzen und Gewürzgurke vermischen und diese Masse auf die vorbereiteten Fischfilets auftragen, zusammenrollen und in gefettete Pfannen oder Bleche einordnen. Mit etwas heißer gewürzter Fischbrühe auffüllen, so daß die Fischröllchen gerade bedeckt sind, zugedeckt einmal aufkochen, dann garziehen lassen.

GENERAL SHIP SUPPLIERS

4

Für das Abendessen
Japanischer Fischsalat

Thunmakrelen, frisch	1000 g
oder Konservenware	5 Dosen
Reis	300 g
Kräutersardinen oder Sardellen	200 g
Zwiebeln	300 g
Gewürzgurken	150 g
Eier, gekocht	4 Stck.
Orangen	200 g
Marinade aus Essig, Öl, Pfeffer und Glutal	

Bemerkung
Den Fisch zerpflücken. Filets von gekräuterten Sardinen, Anchovis oder Sardellen kleinschneiden. Feingehackte Zwiebeln, Gewürzgurken, hartgekochte Eier, Apfelsinenstückchen dazugeben. Den körnig gekochten Reis vorsichtig unterziehen. Mit einer Marinade aus Essig, Öl, Pfeffer und Glutal anmachen.

5

Fischfilet – Spreewälder Art
Petersilienkartoffeln
Apfelmusquark mit Fruchtsirup

Materialeinsatz

Fischfilet	1 300 g
Butter	50 g
Margarine	50 g
Zwiebeln	50 g
Weizenmehl W 630	70 g
Trinkvollmilch	200 ml
Meerrettich	50 g
Salz, Lorbeer, Essig, wenig Zucker, Petersilie gesamt	30 g
Quark	500 g
Apfelmus	500 g
Möhren	300 g
Sellerie	300 g
Porree	500 g
Kartoffeln (netto)	2 000 g
Salz	
Fruchtsirup	100 g

6

Vanille-Suppe
Fischfilet, paniert, gebraten
Kartoffeln–Tomaten–Salat

Materialeinsatz

Trinkvollmilch	1 500 ml
Zucker	60 g
Vanille-Puddingpulver	50 g
Salz	
Fischfilet	1 400 g
Zitrone (1Stck.)	120 g
Salz, Kräuter	
Weizenmehl W 630	80 g
Eier	3 Stck.
Semmelmehl	150 g
Speiseöl-Verbrauch	150 g
Kartoffeln (netto)	1 500 g
Tomaten	500 g
Zwiebeln	50 g
Salz, Pfeffer, Essig, wenig Zucker	
Schnittlauch	30 g
Tafelöl	60 g

7

Weißkohl–Möhren–Apfel–Salat
Fischfilet in Paprikatunke
Kartoffelbrei

Materialeinsatz

Weißkohl	700 g
Möhren	300 g
Äpfel	250 g
Fruchtsirup	80 g
Petersilie	10 g
Tafelöl	30 g
Salz, Essig	
Kartoffeln (netto)	2 000 g
Trinkvollmilch	200 ml
Salz, Muskat	
Fischfilet	1 300 g
Margarine	80 g
Zwiebeln	50 g
Weizenmehl W 630	100 g
Brühe	200 ml
Tomatenmark	60 g
Pritamin (Paprikamark)	60 g
Schnittlauch	10 g
Salz, Gewürzpaprika, wenig Essig	

Bemerkung
Das portionierte oder gewürfelte Fischfilet in der Tunke garen oder die Fischportionen getrennt pochieren und mit Paprikatunke überdeckt anrichten.

Brash Brisling
Die Gerichte reichen ja für die ganze Brücke.

▲ Diesen Prospekt mit Kochrezepten gab der VEB Schiffsversorgung Rostock 1977 heraus. Und auf der Rückseite befand sich ein Kalender für 1978.

Volker Wittig
Welcher Koch hätte sich nicht auch so eine Meerjungfrau angeln wollen, zumal sie sehr hübsch war.

Daniel Krohn
Ich würd' lieber mal nachkochen, was da so steht.

Martin Baltrusch
Mit meinen Eltern war ich oft dort. Für mich gab es immer Rotbarsch, anstatt mit Salzkartoffeln mit Pommes. Und wenn ich es aufgegessen hatte, gleich nochmal das Gleiche. War ja nur ein Kindergericht, aber ich hatte immer enormen Hunger.

▲ Harald Kunst hat diese Speisekarte vom „Gastmahl des Meeres" aufgehoben, sie stammt aus dem Jahr 1978.

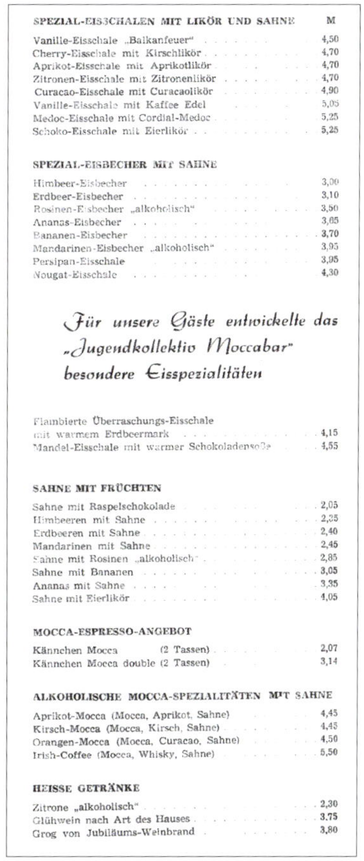

SPEZIAL-EISSCHALEN MIT LIKÖR UND SAHNE	M
Vanille-Eisschale „Balkanfeuer“	4,50
Cherry-Eisschale mit Kirschlikör	4,70
Aprikot-Eisschale mit Aprikotlikör	4,70
Zitronen-Eisschale mit Zitronenlikör	4,70
Curacao-Eisschale mit Curacaolikör	4,90
Vanille-Eisschale mit Kaffee Edel	5,05
Medoc-Eisschale mit Cordial-Medoc	5,25
Schoko-Eisschale mit Eierlikör	5,25
SPEZIAL-EISBECHER MIT SAHNE	
Himbeer-Eisbecher	3,00
Erdbeer-Eisbecher	3,10
Rosinen-Eisbecher „alkoholisch“	3,50
Ananas-Eisbecher	3,65
Bananen-Eisbecher	3,70
Mandarinen-Eisbecher „alkoholisch“	3,95
Persipan-Eisschale	3,95
Nougat-Eisschale	4,30

Für unsere Gäste entwickelte das „Jugendkollektiv Moccabar“ besondere Eisspezialitäten

Flambierte Überraschungs-Eisschale mit warmem Erdbeermark	4,15
Mandel-Eisschale mit warmer Schokoladensoße	4,55
SAHNE MIT FRÜCHTEN	
Sahne mit Raspelschokolade	2,05
Himbeeren mit Sahne	2,35
Erdbeeren mit Sahne	2,40
Mandarinen mit Sahne	2,45
Sahne mit Rosinen „alkoholisch“	2,85
Sahne mit Bananen	3,05
Ananas mit Sahne	3,35
Sahne mit Eierlikör	4,05
MOCCA-ESPRESSO-ANGEBOT	
Kännchen Mocca (2 Tassen)	2,07
Kännchen Mocca double (2 Tassen)	3,14
ALKOHOLISCHE MOCCA-SPEZIALITÄTEN MIT SAHNE	
Aprikot-Mocca (Mocca, Aprikot, Sahne)	4,45
Kirsch-Mocca (Mocca, Kirsch, Sahne)	4,45
Orangen-Mocca (Mocca, Curacao, Sahne)	4,50
Irish-Coffee (Mocca, Whisky, Sahne)	5,50
HEISSE GETRÄNKE	
Zitrone „alkoholisch“	2,30
Glühwein nach Art des Hauses	3.75
Grog von Jubiläums-Weinbrand	3,80

◀◀ Eine alte Speisekarte aus dem Hotel Neptun hat Dörte Rahming aufbewahrt – hier das Titelblatt.

◀ Kleine Übersicht des Angebots gefällig? Hier ein Innenblatt der „Neptun“-Karte, ebenfalls bereitgestellt von Dörte Rahming.

Östliche Altstadt, Rostock
Das war noch Handgrafik.

Andreas Basedow
Also jetzt eine Vanille-Eisschale mit Kaffee Edel, das wär's.

Andreas Bock
Da sind wir früher öfter mal eingeflogen.

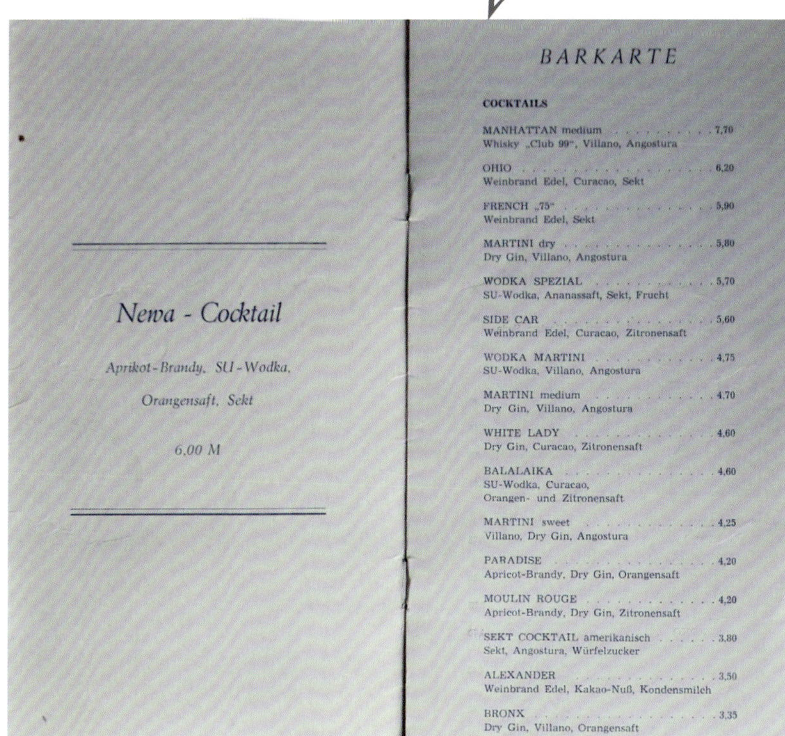

Newa - Cocktail

Aprikot-Brandy, SU-Wodka,
Orangensaft, Sekt

6,00 M

BARKARTE

COCKTAILS	
MANHATTAN medium Whisky „Club 99“, Villano, Angostura	7,70
OHIO Weinbrand Edel, Curacao, Sekt	6,20
FRENCH „75“ Weinbrand Edel, Sekt	5,90
MARTINI dry Dry Gin, Villano, Angostura	5,80
WODKA SPEZIAL SU-Wodka, Ananassaft, Sekt, Frucht	5,70
SIDE CAR Weinbrand Edel, Curacao, Zitronensaft	5,60
WODKA MARTINI SU-Wodka, Villano, Angostura	4,75
MARTINI medium Dry Gin, Villano, Angostura	4,70
WHITE LADY Dry Gin, Curacao, Zitronensaft	4,60
BALALAIKA SU-Wodka, Curacao, Orangen- und Zitronensaft	4,60
MARTINI sweet Villano, Dry Gin, Angostura	4,25
PARADISE Apricot-Brandy, Dry Gin, Orangensaft	4,20
MOULIN ROUGE Apricot-Brandy, Dry Gin, Zitronensaft	4,20
SEKT COCKTAIL amerikanisch Sekt, Angostura, Würfelzucker	3,80
ALEXANDER Weinbrand Edel, Kakao-Nuß, Kondensmilch	3,50
BRONX Dry Gin, Villano, Orangensaft	3,35

Michael von Sievert
Da bin ich öfter mal rausgeflogen

◀ Hier ein Blick in die „Newa“-Karte, ebenfalls aufbewahrt von Thomas Lauch.

◀◀ Thomas Lauch hat sie aufgehoben: die Getränkekarte aus der „Newa“-Bar, die zum „Warnow“-Hotel gehörte.

Gustav Ginsterberg
Wer kann etwas zu dem Lkw-Typ sagen?

Hein Bloe
Den Lkw-Typ kenne ich nicht, aber dieser Motor samt Generator wurde seinerzeit auf den Loggern als Netzwindengenerator verbaut.

Frank Espewe
Der Lkw ist ein IFA H3.

▲ Die ehemalige Heinkel-Halle in der Lübecker Straße war ab 1949 erste Produktionsstätte des Dieselmotorenwerks Rostock. Hier der erste Motor (Typ 4 DV 224 mit Generator) auf dem Demonstrationswagen zum 1. Mai 1950. Das Foto aus dem ehemaligen Archiv des Werks kommt von Franz Spychala.

Onkel Gich
Es hat als Windenbau begonnen und mein Vater war von Anfang an dabei!

Sen He
Super, da hat unser Vati gearbeitet.

◀ Ein Foto von Birger Bring: Das Verwaltungsgebäude des Dieselmotorenwerks, imposante Industriearchitektur war das damals.

Le Kerstin
Das Betriebsgebäude vom DMR kenne ich auch noch sehr gut.

Peter Sieradzki
Ja, und wenn man als Lehrling mal blau machen wollte, musste man da auch zum Betriebsarzt, der war auch da drin.

Le Kerstin
Ich habe im DMR gelernt. An der Schwaaner Landstraße war auch die Berufsschule und hinter dem Bahnübergang lag das Werk 1, wo sich auch die Zurichterei und die Lehrwerkstätten befanden.

Christian Kohn
Ja, gegenüber war die Berufsschule und weiter hinten ein Konsum.

▲ Der Eingang zum Dieselmotorenwerk, der von der Schwaaner Landstraße auf das Werksgelände führte. Auch dieses Foto kommt von Birger Bring.

Klaus Döbler
Habe es selbst im DMR 1962 erlebt.

Peter Sieradzki
Daran habe ich in den Achtzigern noch gelernt.

◀ Die DMR-Werkhalle: Birger Bring zeigt uns diese Aufnahme mit gewaltigen Schiffsmotoren, wie sie im Dieselmotorenwerk hergestellt wurden.

▲ Der 30. April 1960, ein großer Moment für Rostock. Der Überseehafen Rostock wurde eingeweiht. Günther Römer war damals mit seiner Kamera dabei.

▲ Ein Fundstück aus dem 1969 erschienenen Kinderquartett „20 Jahre DDR". Auch der Überseehafen wurde gestalterisch verarbeitet, wie auf dieser Spielkarte zu sehen ist.

Carmen Thiele
Volkseigentum? Warum hat man mich nicht in den Überseehafen reingelassen?

Kai Morawetz
Damals schon mit einer Lok der Baureihe 118?

Manuela Baranj
Sehr schön!

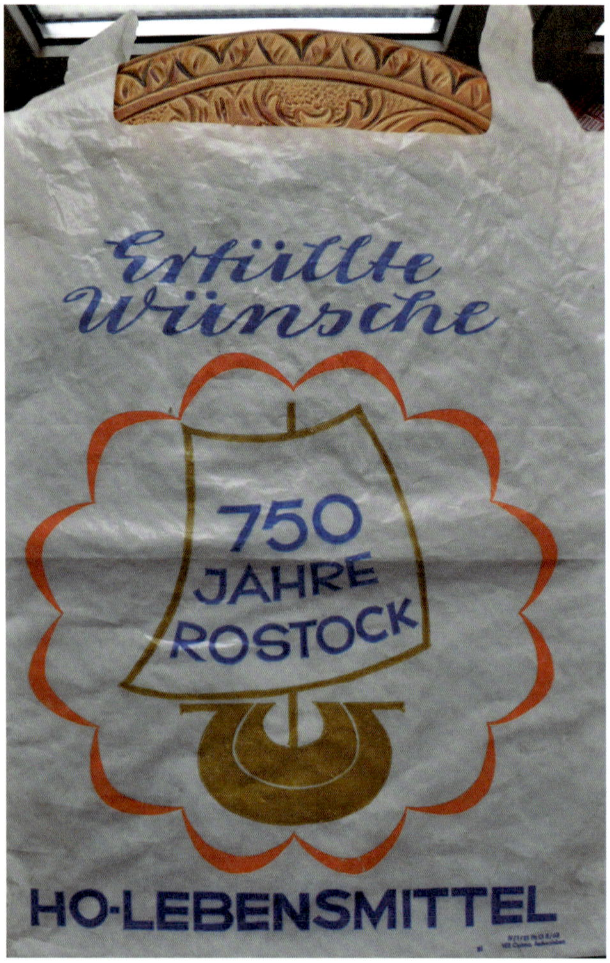

▲ 750 Jahre Rostock – Thomas Lauch hat diese „olle Tüte", wie er sagt, aus dem Jahr 1968 aufgehoben. Sie versprach im Namen der HO die Erfüllung von Wünschen.

▲ Noch ein kleines Fundstück zum Stadtjubiläum 1968: Thomas Lauch hat diesen Bierdeckel aufbewahrt, der damals zum Genuss von Gerstensaft dazugehörte.

Torsten Rosenkranz
Wie wunderbar, als Jugendliche haben wir solche Bierdeckel gesammelt.

Elisabeth Freitag
Solche Fundstücke finde ich besonders erinnerungswürdig!

▲ Ein Fundstück von Horst Rothe: Diese mit einem historischen Motiv gestaltete Briefmarke erschien zum 750. Stadtgeburtstag. Wie man sehen kann, wurde Rostock 1968 noch als „Stadt der Ostseewochen" bezeichnet.

Horst Rothe
Beim Durchsehen meiner Briefmarkensammlung habe ich diese Marke von Rostock gefunden. Es ist interessant, wie auch die dafür Verantwortlichen sich mit der schönen alten Architektur von Rostock beschäftigten und diese für ihre Zwecke verwendeten.

▲ Im Jahr 1969 feierte die Rostocker Universität ihren 550. Geburtstag. Zum Uni-Jubiläum gab es solche Bierdeckel, Thomas Lauch besitzt einen von ihnen bis heute.

▲ Eine Erinnerung der edlen Art: Elke Saß hat diesen Anhänger plus Kette aufgehoben, das Schmuckstück gab's zum 750. Stadtgeburtstag zu kaufen.

Rostock-Album
Interessante Verbindung von Uni und Bier.

Thomas Lauch
Das ging schon immer.

Tabea Strandgut
Da wurde noch gefeiert und man hat sich was überlegt …

Michael Skibba
Oh, dann sind die 800 ja fast voll. Die 777er Münze habe ich auch noch.

Heiko Wenzel
Zum 777. Jubiläum gab es auch eine Münze. Danke an meine Eltern, die sie für mich besorgt haben.

1218 1968
SIE lesen
Ostsee-Zeitung
ERKLÄRUNG
des Staatsrates der DDR
Kommuniqué
750 JAHRE ROSTOCK

▶ Peter Janzen haben wir diesen Blick auf die Titelseite der Ostsee-Zeitung vom 24. Juni 1968 zu verdanken.

Eine Stadt in Bewegung

Schon Rostocks Rolle als Hafenstadt und Schiffbaustandort steht für Bewegung durch Handel und Verkehr. Mit Überseehafen, Dieselmotorenwerk, Warnow- und Neptunwerft waren auch zahlreiche Arbeitsplätze verbunden, bereits der Arbeiterberufsverkehr machte die Rostocker mobil. Da nur wenige ein eigenes Auto besaßen, waren die öffentlichen Verkehrsmittel in früherer Zeit noch wichtiger für das Hin- und Herkommen in der Stadt. So mancher Rostocker hat heute immer noch Erinnerungen an „seine" Bahn oder „seinen" Bus. Und morgens und abends schaute man oft in die gleichen Gesichter. Im Sommer wurde es noch ein bisschen voller in der Stadt, dann kamen die Touristen.

Die langgestreckte Stadtgestalt an der Warnow hat zur Folge, dass man oft eine ganze Weile braucht, um von A nach B zu kommen. Bei der Wahl des Gefährts konnte man in der DDR häufig nicht so wählerisch sein. Ein Lkw war zum Beispiel Transportmittel, aber auch Umzugshilfe, manchmal sogar Demonstrationswagen. Schwierig wurde die Beförderungsfrage, als die Stadt wuchs: Als die Neubaugebiete entstanden, dauerte es manchmal eine ganze Weile, bis sie mit Straßen und Wegen erschlossen waren. Für Kinder war es etwas einfacher. In den Kindergarten und in die Schule ging's meistens zu Fuß.

▲ Ein Blick stadteinwärts: Von Klaus Schütt kommt diese Aufnahme aus den Fünfzigern, die die Tessiner Straße zeigt, im Hintergrund die damalige Stadtsilhouette.

▲ Auch dieses Foto hat Klaus Schütt aufbewahrt. Im Bild ist die Tessiner Straße zu sehen – die Haltestelle an der inzwischen verschwundenen Gaststätte „Schweizerhaus". Und mit der sind besonders viele Erinnerungen verbunden:

Jochen Alm
Herrliche Erinnerungen, sehr oft ging die Familie sonntags hier zum Kaffeetrinken, Bockwurst und Fassbrause waren ein Muss. Häufig haben wir hier auch den Kindertag gefeiert, es ging dann vom Steintor mit Blasmusik zum „Schweizerhaus". Im Keller war die Kaffee-Ausgabe und wenn ich mich recht entsinne, war dort auch ein Schild angebracht: „Der alte Brauch wird nicht gebrochen, hier können Familien Kaffee kochen."

Monika Spörck
Von dort gingen immer die Wandertage los …

Uschi Nehls
Schon Anfang der Fünfziger machten unsere Eltern mit meinem Bruder und mir einen Sonntagsspaziergang, von der Thomas-Mann-Straße durch die Gaswiesen über die Warnowbrücke bis zum „Schweizerhaus". Dort gab es für uns Limo und „Platenkoken", Käffchen und für meinen Vater ein Bier und Schnäppi.

Maik Blumenthal
Kenne ich auch noch. Da haben wir 1976 noch von der Schule aus drin gegessen. Das große Gebäude wurde 1977 abgerissen und die Eisdiele paar Jahre später.

Kerstin Demmin
Ach war das schön, 1979 war dann wohl Schluss, da war schon ein Teil der Decke runtergekommen. Wenn der letzte Bus weg war, blieb nur der Fußweg Richtung Steintor.

Christian Pagenkopf
Wirklich schade, dass es abgerissen wurde, dass so etwas wieder beliebt ist, sieht man an der Trotzenburg.

Torsten Lange
In den Siebzigern ist das „Schweizerhaus" allerdings ein bisschen außer Kontrolle geraten, uns wurde dann ein Verbot von der Schule auferlegt, es zu besuchen.

▲ Da ist er in seiner ganzen Schönheit – der Schutower Ring. Dieses Luftbild haben wir der 1991 erschienenen Broschüre „Die Hansestadt Rostock im Europa der Zukunft“ entnommen. Der Ring ist inzwischen einem Kreuzungsbauwerk gewichen.

Anne Apel
Der gute alte Ring … Wir sind oft mehrere Runden gefahren und haben uns krank gelacht.

Maria Friedrich
Ich hab das Kopfsteinpflaster darauf gehasst!

Edda Grützmann
Ich hatte damals während der Fahrschule immer Angst vor diesem Ring.

Ole Samland
Schön sieht's aus, verkehrstechnisch immer wieder eine Katastrophe – wenn man sich die Spurführung anschaut, weiß man auch warum. Hatte aber durchaus Potenzial, ausgebaut zu werden, aber das Kopfsteinpflaster war ein Horror für Motorradfahrer, vor allem bei Regen.

Roland Bentin
Ach ja, die Verkehrsbremse schlechthin.

Udo Kattenberg
Ich kann mich daran erinnern, dass in den Spitzenzeiten der Verkehr durch zwei bis drei Verkehrspolizisten geregelt wurde. Meinen ersten Unfall hatte ich am Ring – aufgefahren.

Katja Lauth
Irgendwie kam ich mit dem Ring besser zurecht, trotz Extrarunden.

Mirko Kreuter
Wenn die weißen Mäuse nicht da waren, bin ich mit meinem Motorrad immer schnell drüber weg gekommen.

Christoph Brilke
Da gab's Stau in alle Richtungen, die A20 existierte noch nicht. Das waren keine schönen Zeiten …

Silvia Bröde
Ich mochte ihn, bin gern dort reingefahren mit unserem Trabbi!

Mark Antonius Pfennig
Mein erster Tag als frischgebackener Führerscheinbesitzer, meine erste Fahrt allein! Und ich muss über'n Schutower Ring – tolle Wurst!

Uschi Groth
Den bin ich während der Fahrschule mehrmals umkreist, damit ich es später richtig konnte.

▲ Auch Christian Pagenkopf hat den Schutower Ring fotografiert. Hier im Blick ist die Hamburger Straße, man sieht den Stau dort.

Jörg Rössel
Keine Parkplatzprobleme ... fällt mir nur so auf.

Uta Mohr
Hattet ihr zu der Zeit ein Auto – wir nicht.

Rostock-Album
Nein, deswegen stehen da auch Busse.

▲ Ein bekannter Ort in Rostock: Ein Blick auf den Glatten Aal in den Fünfzigern, ein Foto, das Annette Hübner zugeschickt hat.

◀ Hier ein Foto vom Holbeinplatz um 1960, zu sehen ist auch das damalige Haus der Hochseefischer. Dieses Bild kommt von Matthias Mamerow, der Fotograf war Günther Piskurski.

Klaus Döbler
Haus der Hochseefischer, unvergessen, auch für mich als DSR-Fahrer.

FeWo zwischen Gespensterwald und Steilküste
Das Haus der Hochseefscher wurde am 30. Juni 1959 fertig gestellt. Im HdH sind die Hochseefischer nach Einlaufen der Schiffe abgestiegen.

Wolfgang Strübing
Sagt mal, wie geil ist das denn? Pferdefuhrwerk und „Papp 70"!

Martina Bull Götze
Uuii, das Haus der Hochseefischer. Dort hat meine Mutter in der Küche gearbeitet. Ich habe in den Sommerferien Ferienarbeit dort geleistet. Alle großen Familienfeste haben wir dort gefeiert. Es war quasi ein zweites Zuhause.

Heike Kunert
Da gab es einen Kreisverkehr?

▶ Von Renate Meißner stammt dieses Bild, es zeigt den „Bahnsteig in Schmarl, bis 1975 war er in Betrieb".

▲ „Lübecker Straße im März 1974, baumbestanden, gepflastert und unvorstellbar autofrei. Die Straßenbahn fuhr bis 1982 noch in Straßenmitte, hier ein Arbeitszug auf dem Weg zu einer Baustelle; das Haltestellenschild links gehört zur Haltestelle Schiffswerft Neptun." Das schreibt Rüdiger Grabowski zu dieser von ihm zur Verfügung gestellten Aufnahme, die von Karl-Otto Friedemann stammt.

Heike Schmidt
So kenn ich es noch. Da war auch noch Kopfsteinpflaster und am Holbeinplatz der Kreisverkehr auch bis 1982.

Karsten Hilbrandt
Da gab's auch die S-Bahn-Haltestelle Holbeinplatz noch nicht – als die gebaut wurde, ist doch wohl auch die Straßenbahnlinie auf die Seite gelegt worden.

Stefan Hinrichs
Klasse Motiv! Der Triebwagen ist übrigens Baujahr 1899 und kam 1922 als Gebrauchtfahrzeug aus Düsseldorf an die Küste.

▲ „Die Straßenbahnlinie 4 nach Gehlsdorf, hier die Haltestelle Gehlsheimer Straße im Juni 1970. Immerhin gab es dort ein Wartehäuschen, als Bahnsteig hatte man allerdings nur Kies aufgeschüttet." Diese Info gibt Rüdiger Grabowski zu dem Bild, das von Wilhelm Bollhorn stammt.

Gabi Obst
Es gab von Renft einen Titel, die „Gelbe Straßenbahnballade", und es gab in Dierkow eine Jugendklubbaracke. Es war immer die letzte Bahn, traumhaft romantisch!

Ingmar Zotzmann
Ich komme zwar aus Krummendorf, aber an die Straßenbahn in Gehlsdorf kann ich mich auch noch erinnern. Am Kirchenplatz war die Wendeschleife.

Steffi Ripka
Schade, dass keine Straßenbahn mehr nach Gehlsdorf fährt.

Roswitha Ullerich
Das waren noch Zeiten. Mann, hat die gequietscht, wenn sie um die Kurven fuhr. Ein paar Schienen liegen ja noch beim Kirchenplatz, ewige Erinnerung.

Sonja Albrecht
Meine tägliche Fahrt zur Arbeit, Schiffsversorgung, Außenstelle am Petridamm.

Rupert Naumann
Die Linie 4 fuhr in einer Kurve an der Nikolaikirche vobei. Den Quietschton hab' ich heute noch im Ohr.

▲ Rüdiger Grabowski hat folgende Anmerkungen zu der von ihm eingeschickten Aufnahme von Kurt Groppa: „Ernst-Barlach-Straße im Mai 1965, vor dem Gebäude des Ostsee-Drucks. Ein Zug der Straßenbahnlinie 4 ist gerade aus Gehlsdorf angekommen, anlässlich des 8. Mai, dem Tag der Befreiung, sind die Wagen mit Fähnchen geschmückt."

Stefan Majatschek
Warum nur ist die Durchfahrt vom Steintor so erleuchtet?

Rostock-Album
Das ist das Licht am Ende des Tunnels.

▲ Dieses Wandbild ist in Marienehe zu sehen, dort haben die Rostocker Nahverkehrsfreunde ihr Domizil. In den Achtzigern war das Motiv in der Kantine des Rostocker Nahverkehrsbetriebs in der Fahnenstraße angebracht.

▲ Eine Aufnahme von der Rostocker Mai-Demonstration 1973, hier zu sehen ist ein Wagen der Deutschen Seereederei. Das Foto hat Letton Ruttmann für seinen Vater Horst Ruttmann eingereicht.

▲ Am Schröderplatz 1975: Die wechselnden Werbungen dort haben viele Rostocker noch in Erinnerung, auch die Digitaluhr und die Temperaturanzeige. Bis 1971 stand an dieser Stelle die Christuskirche. Dieses Bild machte Heinz Schröder, eingesandt hat es sein Sohn Jörg.

Roswitha Wolter
Ein interessantes Foto. 1973 war ich in der 2. Klasse in der Oberlausitz und solche Friedenstauben haben wir gebastelt.

Antje Miethe Kashikar
Als Kinder sind wir immer heimlich im Gerüst der Uhr herumgeklettert, von ganz oben hatte man den besten Blick über den Schröderplatz!

Ilo Auge
Die gute alte Digitaluhr war immer so ein Verabredungsort für mich und meine Mutter, falls ich, damals noch Kind vom Land, mal in der großen Stadt verloren gehe.

Isabell Lotte
Wir haben ein Foto von unserem Neujahrsspaziergang. Laut dieser Uhr fand der am 32.12. statt.

Silke Dehnert
Ich vermiss diese Wand irgendwie immer noch … stand zwar viel Blödsinn drauf, trotzdem, die Temperatur war immer wichtig als Kind.

Andre Buhrow
Habe dort immer die Glühlampen gewechselt, war immer ein Spaß.

Marion Möller
Ich hab mich schwer getan, als sie weg war. Die Macht der Gewohnheit ließ mich immer zur Uhr gucken, wenn ich mit der Bahn vorbei fuhr.

▶ Die Ostseewoche hat Ulrich Forreiter am 8. Juli 1973 im Bild festgehalten, zu sehen ist hier eine Szene in der Wallstraße.

Gabi Michaelis
Oh ja, die Ostseewoche war toll, vor allem wenn die Spielmannszüge durch die Stadt zogen …

Uschi Groth
Die Ostseewoche war immer ein tolles Event.

Thoralf Dietrich
Wir haben uns bei den Lehrern immer, bezüglich Anwesenheit, kurz sehen lassen und sind dann gleich zum Studentenkeller und haben uns dort zum Bier getroffen.

Andreas Basedow
Ja, auch das ist deutsche Geschichte.

▲ Und dieses Foto kommt von Werner Murawski, er hat auf der Ostseewoche 1974 diesen Spielmannszug im Bild festgehalten, der sich vor der Post eingefunden hatte.

Torsten Lange
Es hat mich immer so gewundert, dass die Hochhäuser tatsächlich auf diese Höhe gemauert worden sind.

▲ Ernst Hielscher besitzt zwei Fotos aus der Südstadt-Entstehungszeit, Benjamin Barz bastelte daraus diese Panorama-Ansicht. Ein Blick 1963 aus einem der vier Hochhäuser in der Ziolkowskistraße zum Dieselmotorenwerk. Links ein noch unverputztes Hochhaus, daneben ist die Kaufhalle „Ost" im Bau, rechts zweigt die Kurt-Tucholsky-Straße ab.

Mathias Janzen
Sehr schön, das Haus, in dem wir fast 20 Jahre wohnten, mal in der Entstehung zu sehen. Die Häuser oben in der Mitte des Bildes gehören noch zur Mendelejewstraße.

Stefan Hinrichs
Witziges Detail sind die Feldbahngleise, die die Südstadt mit dem Plattenwerk in Reutershagen verbunden haben.

Leben mit der Platte

In den Fünfzigern wurde der Stadtteil Reutershagen vollendet, dort entstanden Rostocks erste Plattenbauten. Ab 1960 wuchs mit der Südstadt der erste Stadtteil, in dem man die neue Bauweise großflächig anwandte. Nach 1965 ging es im Nordwesten fleißig weiter: Nacheinander entstanden Lütten Klein, Evershagen, Lichtenhagen, Schmarl und Groß Klein. In der zweiten Hälfte der Achtziger folgten die Neubaugebiete in Dierkow und Toitenwinkel. 1988 war Rostocks Einwohnerzahl auf 250 000 Einwohner angewachsen, ein Wert, der nie wieder erreicht werden sollte.

Damals war eine Neubauwohnung ein Gewinn an Wohnraum und Komfort. Das Leben im Plattenbauviertel hieß aber auch: eine Menge Beton und wenig Grün. Die Familien, die in eine größere Wohnung zogen, hatten viele Kinder. Und die wollten nicht immer beschäftigt werden, sondern beschäftigten sich einfach selber. Für sie war ein Neubauviertel meist eine Gegend der kurzen Wege. Kindergarten, Schule, Freunde – alles nur wenige hundert Meter entfernt. Und selbst zwischen den Neubaublöcken gab es immer noch genug Platz für Fantasie.

◀ Ebenfalls die Südstadt während ihrer Entstehungszeit. Ein Foto von Stefan Heimann, hier geht der Blick von der Kurt-Tucholsky-Straße 35 in Richtung Südring.

Uta Steller
Ich komme aus der Kurt-Tucholsky-Straße 34, jetzt lebe ich seit vielen Jahren in Wien und für mich ist dieses Foto eine tolle Erinnerung an meine Kindheit in Rostock-Südstadt.

Heidrun Thiem
Da haben wir auch mal gewohnt, im dritten Hochhaus.

Michael Albrecht
Ja, die Südstadt hat eine interessante Demografie und viele sehr bescheidene Menschen. Die meisten derer, die damals in den Sechzigern eingezogen sind, leben noch heute dort. Viele haben Freundschaften im Stadtteil und Gärten nahebei, eine Welt, wie es sie anderswo kaum noch gibt.

▲ Ein Bild von Peter Dobbert, das die Südstadt nach ihrer Fertigstellung zeigt. Der Südring endete noch, wie man sehen kann, an der Erich-Schlesinger-Straße. Der „Durchbruch" Richtung Goetheplatz wurde erst Ende der Sechziger geschaffen.

▶ Die vier Hochhäuser in der Ziolkowskistraße sind ganz neu, die Umgebung sieht noch recht kahl aus. Dieses Foto von Werner Murawski zeigt die Südstadt im Jahr 1967.

▲ Rudi Krause steuert dieses Foto bei: Ein Blick auf den Südring vom im Bau befindlichen Südstadt-Krankenhaus. Was in dieser Ansicht noch fehlt, ist das Stadtteilzentrum „Kosmos", das von 1968 bis 1970 entstand.

▲ Die Südstadt im Jahr 1971, fotografiert hat Werner Murawski. Ein Blick hoch zur Innenstadt, damals fehlte noch die Sport- und Kongreßhalle, die heutige Stadthalle. Die Durchführung des Südrings zum Goetheplatz war zu diesem Zeitpunkt noch ganz neu.

Sebastian Schmidt
Heute gibt es auch einen Weg von der Ziolkowskistraße zur Bushaltestelle. Auf jeden Fall ein tolles Bild.

Conny Harms
Kindheitserinnerungen … schönes Foto.

Tommy Nit
Schönes Bild, rechts unten die Schrebergärten sind auch schon platt und das „Windmühlen"-Hochhaus ist noch in Bau. Schöne Erinnerung!

Ilona Rolke
Das ist aber wirklich ein seltenes Bild, super.

Dirk V. D. Knesebeck
Mein Onkel hatte an der Wendeschleife seinen Schrebergarten. Oft habe ich von dort die Busse beobachtet und heute bin ich selber Busfahrer.

Andrea Lentzsch
Richtig, die Linien 21 und 23 waren es. Oh ja, mit dem Schlenkerbus zu fahren, das hatte was. Ich stand am liebsten in der Mitte. und dann ging es in die Kurve.

Fred Feuer
Dienstbeginn war 4.10 Uhr, dann ging es mit der Linie 21 nach Langenort. So manche „Nachtjacke" habe ich in dem Wartehäuschen geweckt und mitgenommen.

Frank Lippstreu
Genau da bin ich 1978 mit meinem Simson S50 gestürzt und habe mir eine Oberschenkelfraktur zugezogen ...

Maik Tiede
Da ist nicht mal eine Ampel zu sehen, kaum Verkehr damals. Die erste Ampel stand, glaube ich, erst beim Kosmos. Wie auf einem Dorf.

Hilmar Klünder
Meine Mensa, da habe ich Nächte vor und hinter dem Tresen verbracht.

▶ Ein Foto von Paula Kirby: Die Buswendeschleife in der Südstadt 1987, die Endhaltestelle der Linien 21 und 23. Zu erkennen sind die Ikarus-Busse. Und links lugt die alte Mensa ins Bild.

▲ Lütten Klein, Ende der Siebziger. Die Hochhäuser zwischen Warnowallee und Rigaer Straße entstehen, sie werden nachträglich in den Stadtteil gebaut. Links kann man die Mehrzweckhalle erkennen. Dieses Bild kommt von Christian Pagenkopf.

◀ Bei Renate Meißner fand sich dieses Bild der im Bau befindlichen Hochhäuser in der Ahlbecker Straße.

▲ Ein vielen bekanntes Motiv aus Lütten Klein, nämlich der beliebte Jugendclub „Baltic". Dieses Foto kommt von Rüdiger Pfäffle.

Doreen Wallis
Das waren noch Zeiten … meine damalige Stammdisco.

René Adrian
Das war mein erster Jugendclub, schöne Zeit und geile Partys.

Sylvia Braun
Ja, der Fasching, das waren Zeiten, auch ich habe diesen Club geliebt.

Sabine Liedtke
Wer den Baltic kennt, kennt auch Berluc. Oder?

Falko Behncke
Da fallen mir noch viele andere super Sachen ein, die dort stattfanden. Ein schöner Treffpunkt für die Jugend – und nun steht der x-te Supermarkt an dieser Stelle.

Holger Goslicki
Hier hab ich 1980 meinen Schatz kennengelernt. Wir lieben uns noch heute.

▼ „Was es wohl gestern gab?“, fragt Markus Hertel, er hat eine Essenmarke aus der Schulspeisung aufbewahrt. Eine Erinnerung an Senfei, Fischstäbchen, Jägerschnitzel, Milchreis oder Linseneintopf.

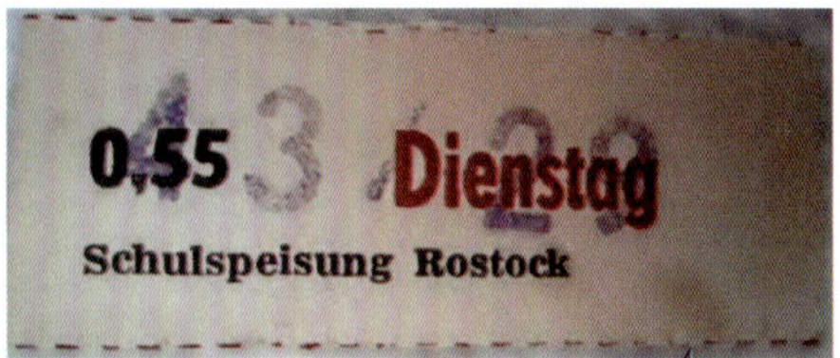

Holger Posselt
Bestimmt Senfeier.

Manuela Bittorf
War nicht immer lecker, aber keiner brauchte abends kochen.

Karin Boje
Und Wurstgulasch mit klebrigen Makkaronis … lecker.

Swen Ohlert
Na, wer hat denn damals kein Mittag gegessen?

Peter During
Lecker als Klumpen. Die haben immer voll geklebt.

Gudrun Mauritz
Nicht zu vergessen – Nudeln mit Tomatensoße, war immer sehr lecker!!!

Sven Statz
Das Essen in der Schulspeisung war lecker, außer Grützwurst oder auch „Tote Oma“ genannt, die mochte ich als Kind nie.

Roy Kop
Kuba-Orangen zum Nachtisch. Das waren prima Wurfgeschosse!

Sen He
„Tote Oma“ – hmmm lecker, aber würde ich heute nicht mehr essen!

Heike-Katrin Kummerow
Da hat man noch gerne Mittag gegessen. Bei uns hat es immer geschmeckt. Es war ja aber auch keine Massenproduktion wie heute.

Sabine Engel
Ich war „Freiesser“, tolle Erinnerungen. Danke.

Anne Dedlow
Grützwurst … Pfuuuiii, ich habe sie gehasst. Die ganze Schule stank immer danach. Genauso Milchreis mit Zimt und Zucker. Dieser Zimtgeruch ließ mich nicht in Ruhe lernen.

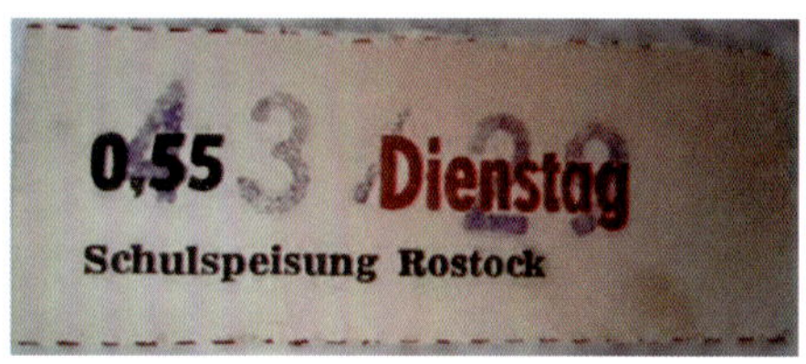

Harald von Rinow
Das waren noch gute Zeiten, das Essen ist immer gut und günstig gewesen.

Sabine Scheel
2,75 Mark die Woche. Dafür bekommst du heute kaum ein Essen am Tag.

Hilmar Klünder
Daher auch der Spitzname „Essenmarkenflitzer“ für Turnschuhe … kosteten 5 x 0,55 Mark = 2,75 Mark.

Katrin Gatermann-Meier
Das ging gar nicht.

Tine Roehl
Bei uns hießen diese formschönen Leisetreter „Essengeld-Turnschuhe“.

Tina Be
Lungenhaschee …

Mirko Wiedenhoeft
Das Essen durfte ich von 86 bis 89 in Evershagen „genießen“. Lecker war irgendwie was anderes …

Susanne Pahlke
Und zum Abschluss Pfefferminztee aus'm ganz großen Topf mit Kelle …

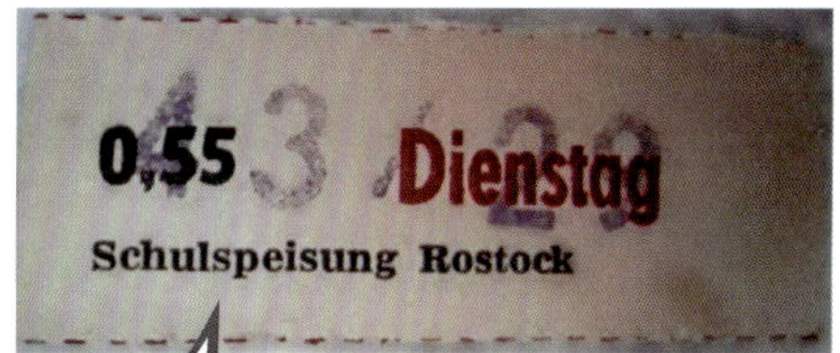

Maik Nowack
Kenne ich, hatte sie auch in meiner Rostocker Schulzeit.

Carolin Frenz
Das kenn ich nur noch aus dem Kindergarten, aber aus den Tassen hat der Tee immer am besten geschmeckt.

Lars Voigt
Mir fällt dazu spontan Herz- und Nierenragout ein, Bohnensalat und freitags immer Eintopf!

Anja Wietz
Hatte noch einen Strich drauf. Da wir kinderreich waren, mussten wir nicht zahlen.

Katrin Jürgens
… angeknabberten orangen Plastetassen.

Anja Steglich
Ich habe auch noch welche … zu geil.

Andrea Neuenfeldt
Wir auch.

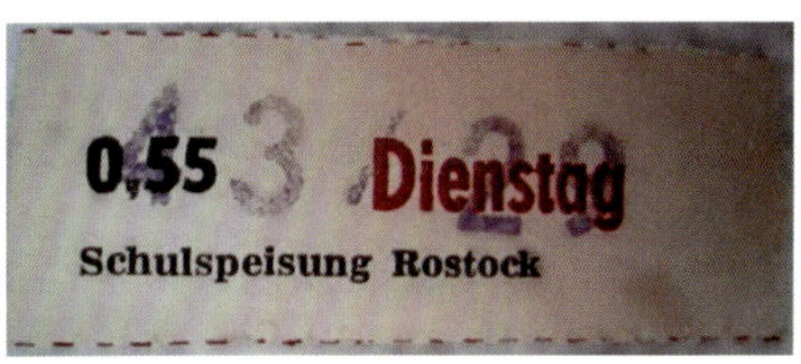

Angela Branitz
Es ist lustig, diese Marke nochmal wieder zu sehen. Ich habe nie über das Essen gemeckert. War Essengeldkassierer ein paar Schuljahre. Danke für die Erinnerung.

Karsten Greßler
Das Essen hatte mir immer sehr gut geschmeckt und reichlich war es auch. Für den Preis konnte keiner zu Hause kochen. Heute ist der Gaumen ganz andere Leckereien gewohnt, aber damals und dann noch Großküchenessen. Okay, so wie bei Muttern war's nie.

Peter Lorenz
Brathering mit Tomatensoße, Lungenhaschee, Matroseneier, Hühnerfrikassee mit Haut und Stelzen (Federn).

Berith Moldtmann
Was ist bitteschön Matrosenei?

Manja Foth
Mit der Bestecktasche unter dem Arm …

Susanne Pahlke
Grießpudding mit Himbeersoße!

Peter Lorenz
Senfei, die Eier waren früher meist bläulich und hart, damit wurde auch Pingpong gespielt.

Römchen Hacker
Hmmm … Grützwurst mit Sauerkraut.

Dagmar Höllrigl
Die großen Schülerspeisungsgaststätten oder auch Baracken waren alle wundervoll. Da kommen Erinnerungen hoch …

Anke Eckbrett-Bauer
Wurstgulasch.

Martin Baltrusch
Bauernroulade … das Originalrezept such ich immer noch! Nirgends aufzutreiben.

Mathias Janzen
Der Stempel auf der Marke bedeutet, wie ich meine, 43. Oberschule, 29. Woche. Also die POS „Valentina Tereschkowa" in der Südstadt. Ich weiß leider nicht, ob diese Schule einen eigenen Speiseraum mit Essenausgabe hatte. Wenn nicht, war der Ort der Nahrungsaufnahme sicher das „Berghotel".

▲ Ingo Schöler hat uns eine Fotoserie mit Motiven aus Groß Klein überlassen, seine Aufnahmen entstanden 1988/89 unter dem Arbeitstitel „Menschen und Beton". Er schreibt dazu: „Ich war damals Mitglied des Fotoclubs ‚Konkret' der Warnowwerft und unser Anliegen war seinerzeit, realistische Alltagsfotos zu machen und auszustellen. Mit dem Ausstellen wurde es nichts, weil diese Bilder nicht dem Geschmack der SED-Genossen entsprachen." Die Aufnahmen geben heute einen guten Eindruck vom Alltag in Groß Klein, auch dieses Motiv.

Liane Bellmann
Der Schleichweg zur großen Kaufhalle. Besonders beliebt bei Matschwetter. Da wurde der kleine Berg zur Herausforderung.

Marco Schlie
Die beiden Jungs wollen vielleicht gerade in die Bibliothek, die vor ihnen liegt.

George Andrew Raventhing
Da haben unsere beiden Jungs auch immer rumgemoddert.

Manuela Bittorf
Oh ja, die Schülerspeisung links war nicht immer so berauschend. Rechts die Kaufhalle und an der Ecke der Delikat.

Jana Lorenz
... genau da waren wir immer rodeln.

▲ Noch ein Foto von Ingo Schöler. Die Groß Kleiner vermuten, dass sich dieses Gewässer in der Hermann-Flach-Straße befand. Solche Riesenpfützen zwischen den Neubauten waren für viele Kinder ein Abenteuerspielplatz.

Michael Wegwerth
Kaulquappen und Frösche fangen, Boote fahren lassen und im Winter auf dem Eis tollen!

Kathrin Böttcher
Au ja, Floß bauen aus Quietschwatte und Paletten.

Sylvie Ge
Und wenn die im Winter gefroren waren, konnte man prima Schlittschuh darauf laufen.

Gabriele Möller
Das kenn ich, man kam aus dem Klamotten-Waschen nicht raus.

Andreas Kauba
Ist es nicht Wahnsinn, was für geile Erinnerungen wir alle bei dem Anblick einer simplen Pfütze haben?!

Yvonne Ostermann
Ich hatte genau das Glück, über dem Eingang zu wohnen, und bin etliche Male über den Vorbau nachts abgehauen.

René Schüler
Mannomann, wie geil ist das denn. Sag mal so, die eine Hälfte gehört zu meinen Bruder und der Rest zu mir. Ich habe echt Gänsehaut.

Ralf Wahn
Die Jugend der Achtziger halt.

Erik Wendel
Warum denn zwei Hausnummernschilder?

Maik Schwelp
Das kleine war beleuchtet

Peter Ziems
Nur mit Glück!

Timmi Timm
Kinder, so sahen früher die Handys aus! Und der E-Mail-Account war gleich um die Ecke.

Olaf Röhrig
Irgendwie ist dieses Foto lustig. Aber so war es früher. Links bin ich zur Schule gegangen.

Markus Hertel
Wieder mal ein sehr tolles Foto aus meinem Zuhause.

Claudia Nielebock
Großartig! Umme Ecke hab ich gewohnt.

Cathy-leen Schröder
Das in der Telefonzelle sind wir, Doreen Schröder!

Andreas Jahn
Das ist Höhe Taklerring 41, im Hintergrund die 72. POS.

▲ Groß Klein Ende der Achtziger: Diese coole Clique versammelte sich vor einer Haustür im Baggermeisterring. Acht Leute vor Hausnummer neun – und Ingo Schöler hat fotografiert.

▲ Noch ein Foto aus der Groß-Klein-Serie von Ingo Schöler, die 1988/89 aufgenommen wurde. So hat man damals telefoniert.

▲ Ingo Schöler hat Ende der Achtziger in Groß Klein auch diese Szene im Bild festgehalten. Tischtennis war damals viel mehr als nur ein Freizeitsport.

Steffen Grossmann
Die Platten waren wie autark geführte Länder, mit eigenen Regeln und Gesetzen! Um mitspielen zu können, musste man jemanden in der Gruppe kennen.

Mon Za
Und jeder kennt den Satz: „Wir treffen uns an der Platte!"

Eiko Lohmann
Das ist der Signalgastweg. Dort haben wir immer gespielt, wir müssen es ja wissen. Und das Stromhaus ist hinter dem Fotografen.

Ilka Kienitz
Ja genau, das waren auch meine Platten, Tischtennis und Wohnblock.

René Papenhagen
Ich bin in Groß Klein aufgewachsen, die standen in fast jedem Innenhof.

Steffen Pagels
Das ist der Hof zwischen Signalgastweg und Seelotsenring. Der Zaun gehört zum angrenzenden Kindergarten.

Nicole Plath
Ja, das war sie, die alte Heimat … Tag und Nacht.

Jana Lorenz
Yeah, mein Ghetto!

Michael Arndt
Meins auch.

Mathias Peetz
Super Foto. Die Uhr konnte ich von meinem Kinderzimmer aus sehen. Manchmal ging sie sogar richtig.

Rike Rostock
Die Uhr! Wenn kein Strich fehlte, stimmte die Uhrzeit

Jana Lorenz
Ja super, da waren wir einkaufen und hinter der Kaufhalle war ein Hügel. Auf dem waren wir rodeln im Winter.

Gabschy We
Unsere große Kaufhalle, wo es einfache Brötchen für fünf und die „fetten" für acht Pfennige gab. Und dann war da doch hinten dran noch der Delikat, oder?

Enrico Stielike
Die Baracke! Da hab ich noch Schulessen bekommen. Der kleine Kiosk ist meiner Erinnerung nach irgendwann abgebrannt. Das Hochhaus Blockmacherring sieht heute immer noch so aus.

Andreas Jahn
An der Ecke gab's lecker Softeis und in der Baracke war die Schulspeisung – und später auch der Silvesterknaller-Verkauf.

▲ Freizeit in Groß Klein. Ingo Schöler hat auch diese Aufnahme im Stadtteil gemacht – wieder stimmt der Titel „Menschen und Beton".

Silvia Aivlis
Das Umzugsauto ... herrlich.

Ralf Wahn
Und die Kiddies mit den üblichen Strickmützen.

Markus Hertel
Schiffbauerring, wo jetzt die Apotheke steht.

▲ Ein Umzug in Groß Klein. Wir sehen ein für eine Großstadt eigenwillig wirkendes Gefährt. Und fröhliche Jungs. Wieder ein Bild von Ingo Schöler.

Enrico Löffler
Das waren die besten Spielplätze und gleich danach kamen die riesigen Sperrgut-Container.

Sebastian Riebe
Diese Spielplätze gab es ja in der ganzen Stadt, geile Zeit.

▲ Tja, dieser Wartburg hat die Zeit leider nicht überstanden. Kinder in Groß Klein hatten ihn zum Abenteuerspielplatz erklärt. Auch dieses Alltagsbild kommt von Ingo Schöler.

Manina Olschewski
Da war ja auch alles raus, was noch verbraucht werden konnte. Erstaunlich, dass die Kotflügel noch dran sind.

Torsten Rosenkranz
Die hatten sicherlich ihren Spaß.

Wilhelm Geron
Das ist direkt vor dem Baggermeisterring 25.

▲ In Groß Klein hat Ingo Schöler auch dieses Foto gemacht, als Kinder noch draußen spielten. Die Aufmerksamkeit richtete sich hier u. a. auf das Zweirad Simson S50: Cool oder eher nicht?

Frank Maahs
Aber mit den Knieblechen war man doch eher uncool, oder?

Jürgen Rost
Das Mindestmaß an Coolness waren abgesägte, heruntergesetzte Blinker vorn und Ladaspiegel. Gummifaltenbälge ab und Kniebleche gingen gar nicht. Der Helm war wohl auch nicht der Burner …

Rostock-Album
Hm, stimmt auch wieder. Die Kniebleche waren ja auch nicht serienmäßig.

Jens Wolter
Da gab es nur noch die Terrasse vom alten Teepott. Und so war der Winter auch öfter.
Steffi Brock
Ich glaube, die Frau trägt einen Persianer-Pelzmantel, sieht man heutzutage selten.

Gegen die Natur

Wir haben es hier mild am Meer. Rostock bleibt von extremen Wetterlagen oder Naturkatastrophen meist verschont. Herbststürme sind allerdings keine Seltenheit, es kommt auch mal ein Mini-Hochwasser. Aber es gab drei große Winter, die die Stadt wirklich in Atem gehalten haben: 1962/63, 1978/79 und 1986/87. Eine Weile hatte also jede nachwachsende Generation „ihren" Winter. Der Ausnahmezustand, der manchmal nur ein paar Tage lang das öffentliche Leben stark beeinträchtigte, war für die meisten Zeitzeugen eine prägende Erfahrung. Diejenigen, die im tiefsten Schnee nicht gerade einen Schneeschieber in der Hand hatten, griffen auch mal zum Fotoapparat …

◀ Ein Foto aus dem Winter 1962/63. Schnee lag auf dem Warnemünder Strand, trotzdem oder gerade deshalb lud er zu einem Spaziergang ein. Fotografiert hat Günther Römer. Damals fehlte übrigens noch der Teepott.

▲ Und das hier ist der „Jahrhundertwinter" von 1978/79. Das Bild von Eckart Birr zeigt den Fähranleger in Gehlsdorf – da ging nichts mehr.

▲ Und hier der gegenüberliegende Fähranlieger am Kabutzenhof, Anfang 1979. Auf der Warnow hat sich eine richtige Eiswüste gebildet, mit dem blauen Himmel ergab sich ein dekoratives Motiv, das Peter Dobbert festgehalten hat.

Heiko Wenzel
Das war legendär. Waren auf Klassenfahrt in Magdeburg und haben 36 Sunden im Zug verbracht. Danke an alle, die damals Schnee geschippt haben, und allen Menschen an der Strecke für Stullen und warmen Tee!

Klaus-Peter Brandau
Das war was. Habe von Kavelstorf aus Gleise in Richtung Schwaan freigeschippt, der Schneepflug steckte fest hinter Schwaan.

Carmen Thiele
Stimmt, mein Sohn war geboren. Es ging nur mit dem Schlitten vorwärts, Kinderwagen schieben war unmöglich.

Manina Olschewski
Daran kann ich mich gut erinnern, mit meinem „neuen" Neffen den Kinderwagen durch meterhohen Schnee bugsieren.

Sabine Engel
In dem Winter wurde meine Schwester geboren.

Ulrich Reymann
War mit dem Zug von Leipzig nach Rostock 14 Stunden unterwegs – richtiger Winter.

Karla Thönelt
Wir von Dresden fast 24 Stunden. Davon sicher vier Stunden auf einem Abstellgleis in Berlin – abgekoppelt von der Lok und a...kalt. Haben den Gegenzug da getroffen.

Eva-Maria Radtke
Das sah in Graal-Müritz auch so aus. Die Buhnen trugen dicke Eispanzer. Mein Vater ist mit uns Kindern extra dort hingefahren.

Norbert Jacob
Nicht nur Lebens-, sondern auch Fluchtgefahr! Ich bin in Warnemünde aufgewachsen!

Jürgen Altmann
Verboten vor allem wegen der „Gefahr" des illegalen Verlassens der DDR.

Ingrid Klare
Oh, da kann ich mich noch dran erinnern. Auf der Mole gab es auch ganz viel Eis.

▲ Die Ostsee war zugefroren – der Rat der Stadt warnte nicht, er verbot das Betreten. Dieses Bild hat Günther Römer allerdings nicht erst 1978/79 aufgenommen, sondern bereits im Winter 1962/63.

▲ Ein bisschen taute es, die weiße Pracht wurde grau und unansehnlich. Peter Dobbert hat Anfang 1979 erneut am Fähranlieger am Kabutzenhof fotografiert.

Ulrike Bastian
Genau so kenn ich das noch!

Maik Tyzak
Ganz rechts lag doch immer die „Undine" und dahinter war die sogenannte Sprottenbar.

▲ Anfang des Jahres 1987 fielen große Schneemengen, auch den Bahnhofsvorplatz in Warnemünde hatte es doll erwischt. Olaf Kupfer hat damals auf den Auslöser gedrückt.

Axel Räth
Hach, der gute Ostschnee, waren das noch schöne Zeiten.

Jens Kussin
Toller Winter und toller Trabbi.

Angela Lenz
Na, das war ein Winter, ich stand im Bahnhof Bramow eine Stunde lang und hab auf den Zug gewartet. Oh mein Gott, hab ich gefroren!

Matthias Mamerow
Das war der Winter, in dem wir zu Fuß von Lichtenhagen aus zum Schwimmunterricht nach Warnemünde gegangen sind, der Bus fuhr nicht mehr. Und dann war das auch noch umsonst – das Wasser in der Meeresschwimmhalle war gefroren.

Enrico Löffler
Da gab es rechts noch den Zeitungskiosk.

Dirk Hro
Umsonst gewartet?

Martin Baltrusch
Nee, Busse fuhren wirklich noch.

Heike Kunz
An die Zeit kann ich mich gut erinnern. Habe zusammen mit 'nem Nachbarsjungen den Weg zum Haus freigeschaufelt … naja, geholfen.

▲ „Muddern und ich im Winter 78/79 in Lichtenhagen", schreibt Martin Baltrusch zu seinem Bild. Nur anhand des Haltestellenschildes kann man erkennen, wo das Foto aufgenommen ist.

Matthias Putzar
Papa ist mit Ski zur Arbeit und es gab ein gemeinschaftliches Räumen der Wege bis zur Kaufhalle.

▲ Hoch lag der Schnee auch hier, diese Aufnahme entstand Anfang 1979 in der Hinrichsdorfer Straße in Dierkow. Eckart Birr war in der Kälte mit seinem Fotoapparat unterwegs.

Annelie Nowak
Kann mich noch gut an diesen Winter erinnern! War echt schrecklich!

Karola Laue
Jo … das war heftig und ich war jung.

Marko Möller
DAS nenne ich noch WINTER.

Frauke Kleist
Och, die Fährstraße … und schon in Farbe! Gegenüber vom Gemüseladen war Fleischer Gliencke und in Richtung Kirchenplatz der Treppenschlachter. Und der Schnee deckt die Schlaglöcher zu! Auf die Busse der Linie 21 haben wir in diesem Winter oft warten müssen, für uns Kinder war's aber ein Abenteuer.

UL LI
An DEN Winter erinnere ich mich gut! Eher aus Schmarler Perspektive, aber weiße Wände an den Gehwegen, so aus Froschperspektive.

▲ Und wieder ein Bild von Eckart Birr aus dem Winter 1978/79. Hier ist die weiße Pracht in der Gehlsdorfer Fährstraße zu sehen.

▲ Wirklich Schmuddelwetter, trotzdem hat Eckart Birr fotografiert. Dieses Bild bot sich ihm Anfang 1979 am Warnowufer. Die Schwäne waren hungrig und wanderten auf der Suche nach Futter in die Stadt hinein.

Mich Elle
Schwanensee in Rostock.

Manuela Bittorf
Und die Schwäne hatten Hunger und sind hinter einem hergelaufen und haben auch mal zugeschnappt.

Lilli K. Putt
Oooch, meterhoher Schnee ist auch was Schönes! Wenigstens mal für zwei, drei Tage!

Birka Berkhahn
Das war ein echt schöner Winter!

▲ Von Eckart Birr kommt auch dieses Motiv. Schneemassen türmen sich Anfang 1979 in der Langen Straße.

Torsten Preuß
Vom Kindergarten aus in Richtung Springbrunnen fotografiert. Meine Heimat.

Andrea Gutzmer
Damals war ich in der 1. Klasse und von uns Kleinen hat man meist nur den Bommel der Mütze gesehen, wenn wir durch die kleinen, frei geschobenen Gänge gegangen sind.

Mike Slobidnyk
In diesem Winter war ich bei der Armee … und wir haben den Nordosten von Rostock und Warnemünde mit Panzern freigeschoben. Zum Kaffee sind wir mit dem Panzer bei meiner Mutter in Lütten Klein vorgefahren.

Axel Räth
Da mussten wir nach der Spätschicht zu Fuß von Bramow nach Hause latschen.

▲ Auch diesen Wartburg hatte die weiße Pracht erwischt. Im Winter 1986/87 fotografierte Olaf Kupfer in Lichtenhagen.

Mark Antonius Pfennig
Ganz klar: Kabutzenhof! Hab ich sofort erkannt!
Sogar von den beiden Schneemännern kuckt oben nur der Besen raus. Sehr gut!

Manuela Rohde
Das war ein Wintermärchen! Als Kind war es wunderschön, der Schnee lag meterhoch und man konnte rumtollen und im Schnee spielen.

Karla Thönelt
Oh ja, ich hatte damals Fahrschule und bei „wunderschönem" Glatteis Prüfung.

▶ Der Ort ist kaum zu erkennen, aber so sah es Anfang 1979 am Kabutzenhof aus, wo damals Schneemassen abgelagert wurden.
Das Foto kommt von Eckart Birr.

HOTEL WARNOW
Ulrich Reymann
So einen Moskwitsch hatte ich auch, mit runden Scheinwerfern.
Rostock-Album
Ja, ein Moskwitsch 408! Also: Der dritte von vorn.

Wandel in alten Vierteln

Große Lücken waren in Rostock nach dem Krieg zu schließen. Aber auch in den Fünfzigern verlor der Stadtkern zwei wichtige Wahrzeichen: Die Reste der im Krieg schwer zerstörten Jakobikirche wurden abgetragen, dann auch das Petritor. Nachdem 1959 der Neubau der Langen Straße abgeschlossen war, konzentrierte sich der Städtebau mehr auf die Neubaugebiete. Ausnahme: Zwischen Goetheplatz und Schröderplatz entstand von 1969 bis 1973 eine Hochhausgruppe, die zusammen mit dem Hochhaus in der August-Bebel-Straße Fragment einer nie verwirklichten Zentrumsbebauung bleiben sollte.

Erst in den Achtzigern veränderte sich die Innenstadt wieder stark. Die nördliche Seite am Universitätsplatz wurde neu gefasst, die Nördliche Altstadt in Teilen abgerissen und durch Plattenbauten ersetzt. Die Östliche Altstadt und auch die Kröpeliner-Tor-Vorstadt blieben von solchen Planungen verschont. Erst zur Wende wurden sie aus ihrem Dornröschenschlaf geweckt. Heute gehören sie zu den buntesten Vierteln der Stadt.

◀ **Parken unterhalb der Langen Straße in den Sechzgern – Günther Römer hat dieses Bild aufgenommen. Das „Haus der Schiffahrt" steht bereits, das Warnow-Hotel ist gerade fertig. Der Nördlichen Altstadt steht der Wandel noch bevor.**

◀ Helmlos – das war nach dem Krieg lange der Zustand der Petrikirche. Günther Römer hat Anfang der Sechziger diese Szene festgehalten, ein Pferdewagen verleiht dem Bild einen fast kleinstädtischen Charakter.

Carmen Thiele
Wie schön die Kirche heute ist … wunderbar.

▲ Die Nikolaikirche um 1960, das Foto kommt von Günther Römer. Zu erkennen ist auch eine Straßenbahn der Linie 4, die von 1948 bis 1974 an der Kirche entlangführte.

Bruce Ketta
Wo fuhr die Bahn weiter?

Conny Harms
Das war der Schüttel-Express nach Gehlsdorf.

Rostock-Album
Die alte Linie 4 fuhr vom Steintor durch die Östliche Altstadt über die Petribrücke und dann weiter bis nach Gehlsdorf.

Steffi Brock
Mehrere Leute haben mir erzählt, dass die Fahrgäste im Winter Am Bagehl manchmal aussteigen mussten, weil die alte Bahn die Steigung bis zur Kirche nicht schaffte. Die Leute mussten die Bahn schieben.

Sen He
Das Bild ist ein fantastisch einzigartiges Zeitdokument – tolle Qualität, so kenne ich es noch.

▲ Beeindruckende Aufnahme aus dem Fundus von Günther Römer. Sie stammt aus den Fünfzigern. Hier stehen Petritor und Petrikirche noch in trauter Zweisamkeit – das Petritor wurde 1960 abgerissen.

Rob Smart
Irgendwie widersprüchlich: Einerseits die schönen Farben und dann die Zerstörungen des Krieges. Am Ende muss man sich aber fast wundern und froh sein, dass St. Petri nicht das Schicksal wie Petritor oder St. Jakobi ereilt hat.

André Manni Manta
Großartiges Bild mit gleich zwei längst vergangenen Motiven: einmal das Petritor und dann die Straßenbahnlinie nach Gehlsdorf.

Steffen Steffenson
Das habe ich noch nie gesehen.

Mladek Katzer
Als wär man mittendrin … starker Moment.

Alexander Schneider
Sehr schade um das Petritor.

Stefan Hinrichs
Geniales Bild! Vorne links ein G5, dann ein Framo, danach ein S4000 und zum Schluss ein Granit 27. Und in der Mitte die verkrauteten Tramgleise.

▲ Rüdiger Grabowski schreibt zu diesem von ihm eingeschickten Foto, das Wilhelm Bollhorn aufgenommen hat: „Petridamm, August 1962. Das Kirchenschiff von St. Petri hat wieder ein Dach, die Ruine des Petritores fehlt bereits und im Hintergrund kommt ein Straßenbahnzug der Linie 4 die Slüterstraße herunter."

◀ Freier Durchblick zur Nikolaikirche: die Große Wasserstraße im Mai 1968. Die Aufnahme kommt von Rüdiger Grabowski, angefertigt hat sie Wilhelm Bollhorn.

Peggy Neumann
Der Uhrmacher dort hat für mich als Kind immer die Kuckucksuhr kuckucken lassen.

Alexander Schneider
Die Baulücke in der Kleinen Wasserstraße, die den Blick auf St. Nikolai freigibt, besteht bis heute.

Peter Bianka Grälert
Diese Schule hat unsere Familie geprägt: Die frühere Mädchenschule, in den Vierzigern ging da noch meine Mutter hin. Dann 4. POS „Etkar André", die meine Schwester in den Fünfzigern besuchte, dann ich bis 1979. Danach sogar noch unsere Tochter bis Anfang Neunziger. Das ist übrigens der Seiteneingang.

Christel Pulgam
Ich bin dort von 1958 bis 1968 zur Schule gegangen, das waren noch Zeiten. Wir mussten uns diese Schule teilen, eine Woche Vormittagschule bis 13 Uhr und die andere Woche bis 18 Uhr und der Sportunterricht fand entweder vormittags oder nachmittags statt.

Fred Feuer
Kaum zu glauben für heutige Zeiten, ich bin mit sieben Jahren allein von der Strandstraße (Höhe Schnickmannstraße) zu Fuß bis zum Alten Markt bei Wind und Wetter gelaufen, zuvor schon als 5- und 6-Jähriger von dort bis zum Beginenberg in den Kindergarten.

▲ Ein Blick aus dem Februar 1980 in die Östliche Altstadt: „Altstädtische Schulen" steht hier noch am Gebäude, im Volksmund eher als Altstadtschule bekannt. Das Bild kommt von Jörg Schröder.

▲ Ein Bild von Frank Schröder: Der „Aquarianertreff" in der Kleinen Wasserstraße, fotografiert 1980.

▲ Von Werner Murawski kommt dieses Bild. So sah die östliche Altstadt noch 1991 aus. Im Hintergrund ist die helmlose Petrikirche zu erkennen, sie erhielt ihre neue Haube erst 1994.

Henrik Hinrichs
Jeder Aquarianer in Rostock kannte Hubert Karrasch und seinen Laden. Er hatte immer mal Besonderheiten, die man in den wenigen anderen Zooläden, zum Beispiel in der Kröpeliner Straße, nicht bekam – und dort war es auch immer voll. Als Kind war ich öfter Wasserflöhe fangen und hab die dann hier eingetauscht gegen ein paar Neonsalmler zum Beispiel.

Axel Räth
Großmeister Karraschs Muckellädchen … herrlich! Da gab's immer so schöne Feuermaul-Buntbarsche.

Katrin Gatermann-Meier
Habe dort meinen ersten Hamster gekauft als Zwerg von dem Geld, das eigentlich für den Weihnachtsmarkt gedacht war.

Gabriela Krohn
Unsere erste Schildkröte haben wir dort gekauft.

Hinrich Bentzien
Es ist Amberg mit Petrikirche. Hinterm Wartburg geht's zur Wollenweberstraße.

BeaTe Eff
Und heute gehört es zu den besten Szenevierteln der Stadt.

Gunther Hormann
Da bin ich auf dem Weg von der „Feuchten Geige" in meine Schwarzwohnung in der Kleinen Goldstraße langgegangen. War alles kaputt, aber super Kameradschaft und immer große Ideen.

▲ Zu diesem Bild von Rudi Krause hatten wir zunächst keine genauen Ortsangaben. Bernhard U. Bryan Burmeister hat dann die Diskussion auf den richtigen Weg gebracht: Das Foto, das aus den Fünfzigern stammt, zeigt die Schnickmannstraße noch in ihrem alten Zustand.

Elfie Kugelberg
Es ist die Schnickmannstraße, ich habe dort gewohnt, zweite Balkonreihe. Dort an der Ecke war ein Fleischer, gerade rüber eine Gaststätte und nach links ging es in den Hornschen Hof.

Hinrich Bentzien
Ja, das ist die Schnickmannstraße. Im Hintergrund sieht man den Wittespeicher und ein Gebäude der Witteschen Fabrik. Oben kreuzt die Lange Straße, ganz hinten ist der Barocksaal zu sehen.

Rostocker Nachtwächter
Das Bild lässt mich einfach nicht los. Es ist die Schnickmannstraße. Die Kellerfenster verraten einen stärkeren Anstieg Richtung Süden. Ergo: Blick in Richtung Barocksaal.

▲ Die Grubenstraße hat Mathias Janzen 1988/89 fotografiert. Hier ist noch gut das Bahngleis zu erkennen, das mitten auf der Straße in den Stadthafen führte.

Thomas Langhoff
Heute ist da ein Wasserlauf, wo die Schienen waren.

Anne Oldag
Oh ja, paar Jahre später haben wir da gewohnt.

Sven Jeschke
Voll krass, aber so war es.

Peter Bianka Grälert
Kann man sich noch gut dran erinnern, wie lange rechts im Bild das Gerüst am Haus war.

Martin Mag Graeber
Wahnsinn … Da sieht man mal, was sich so getan hat!

▶ Die Nördliche Altstadt. Holger Klohn schreibt zu seinem Bild aus dem Jahr 1958: „Bin dort groß geworden, das ist die Badstüberstraße, wie sie mal war."

Alexander Schneider
Wenigstens den Speicher haben sie stehen gelassen. Ansonsten sehr bedauerlich, dass man die historische Bausubstanz in der DDR nicht erhalten konnte oder wollte.

Carmen Thiele
Schade, dass alles so marode war. Der Blick zur Warnow war noch frei. Später waren überall Zäune.

Silke Roth
Ich habe mal in der Badstüberstraße gewohnt, wie sie heute ist. Schön zu sehen, wie es früher dort aussah.

Christa Jaworski
Toll, mal wieder so alte Aufnahmen zu sehen … bin in der Pläterstraße aufgewachsen.

Manina Olschewski
Aber dieses Marode strahlt irgendwie doch eine Ruhe aus.

Detlef Krause
Das ist ein Blick aus der Wokrenter Straße zum Hornschen Hof. Der große Speicher ist heute saniert, alles Wohnungen. Das Gebäude vor dem Giebel gibt's nicht mehr. Dafür steht da ein Betonbau und verdeckt den schönen alten Speicher.

Alexander Schneider
Scheint, als wären sie gerade dabei gewesen, die Häuser der Schnickmannstraße abzureißen.

Heike Schmidt
Kann man sich gar nicht mehr vorstellen, dass es mal so aussah dort …

▶ Noch ein Blick in die Nördliche Altstadt, bevor sie weitgehend abgerissen und umgestaltet wurde. Zu sehen ist das Gebiet um den Hornschen Hof im Zustand von 1974, das Bild kommt von Werner Murawski.

▲ Ein wichtiger Platz in der Kröpeliner-Tor-Vorstadt: Von Karin A. Langereih kommt diese Postkarte des Verlags „VEB Bild und Heimat Reichenbach i. V. (Darr)", sie zeigt den Ulmenmarkt im Jahr 1963.

Rob Smart
Sehr seltenes Foto! Ich erinnere mich an den Milchladen rechts an der Ecke, an die Eisproduktion in der Garage und vor allem den Eisverkauf daneben.

Klaus Schütt
In den Siebzigern gab es am Sonnabend auch einen Markt, frühmorgens gegen sieben Uhr war ich dort auf der Pirsch, um was Außergewöhnliches zu erhaschen …

Günter Lübke
Da gab es auch mal das Kino „Schauburg".

▲ Der Saarplatz um 1980, gesehen vom Friedhofsweg aus. Diese Aufnahme stammt von Christian Pagenkopf.

Hinrich Bentzien
Das war früher der Beginn des Friedhofsweges. Nach der Wende wurde dann in gerader Linie die Trasse zur August-Bebel-Straße durch das Viertel gebaut. Auch der Lindenpark musste eine kleine Ecke hergeben.

Nerfbert Menzel
Der Kiosk rechts ist die „Snackbar Flirt". Im Hintergrund die Parkstraße mit dem Gebäude, das heute „Grünes Ungeheuer" genannt wird.

Kai Morawetz
Ach, schau mal an, „Zirkus Busch" war in der Stadt.

▲ Ein Menschenauflauf auf dem Ulmenmarkt. Grund war ein Oldtimertreffen, das 1969 dort stattfand und viele Schaulustige anzog. Diese Aufnahme hat Gerhard Weber gemacht.

Edgar Ötte
Ein wunderbares Foto. Was für rasante Gefährte?! Und Lederhosen wie die Jungs rechts musste ich damals auch tragen. „Die gehen nicht so schnell kaputt", meinte meine Mutter. Womit sie zweifellos recht hatte. Aber die Dinger knarzten so schrecklich, wenn man sich bewegte. Und die Hosenträger waren auch nicht gerade der Bringer …

◀ Selten so zu sehen: Dieses Foto von der Helenenstraße hat uns Steffi Brock überlassen. Als der Wilhelm-Pieck-Ring Anfang der Siebziger in die Innenstadt verlängert wurde, fielen der Straßenzug und die nahe Christuskirche den Bauarbeiten zum Opfer.

Heidrun Keuchel
Mein Schuster war dort auch ansässig. Das war so ein brummiger Mann und seine Frau hat mitgeholfen. Es war damals noch traumhaft billig, zum Leidwesen des Schusters. Die Absätze haben aber nicht lange gehalten.

Pippi Lotta
Wo befand sich die Helenenstraße?

Rostock-Album
Sie führte einst von der St.-Georg-Straße am Vögenteichplatz vorbei hoch zum Friedhofsweg.

Steffi Brock
So habe ich das Milieu auch kennengelernt. Unser Schuster war im Friedhofsweg, daneben war die Stadtmission, im Nebenhaus die Schmiede Voss, dann kamen der Friseur, die Heißmangel, der Kutscher mit Fuhrbetrieb – überall war Gewerbe und Handel. Für uns Kinder war alles ein Spielparadies.

Silvia Bröde
Ich habe in der Karlstraße 5a gewohnt, von 1976 bis 1985. Das Klo war im Keller! Was für eine finstere Gegend.

Silvana Simon
Ich habe in der Klopstockstraße 22 gewohnt.

▶ Ein Fundstück aus dem Archiv von Werner Murawski. Wir sehen den Goetheplatz mit der Verkehrsführung von 1970. Der Bus fährt in die Karlstraße hinein, um zum Schröderplatz zu gelangen. Links sind gerade Baumaßnahmen für die Südringverlängerung im Gange.

▶ Im Rahmen der Umgestaltung am Vögenteichplatz entstand Anfang der Siebziger auch dieser Fußgängertunnel. Er wurde kaum genutzt und beim Bau der Straßenbahntrasse in die Südstadt zugeschüttet. Ulrich Lindenblatt hat diese Aufnahme aus der Bauphase zur Verfügung gestellt, sie kommt aus seinem Familienalbum.

Peter Dynow
Ich kann mich noch gut an den Tunnel erinnern, wir haben aus Spaß immer gesagt, dass hier die Rostocker U-Bahn fährt, leider hat es nur für die eine Station gereicht.

Peter Lorenz
Ich bin da nur einmal durch, fand das immer gruselig, wenn man die Treppen runtergeguckt hat!

Kathrin Böttcher
Ja, ich auch ein einziges Mal und ich wurde immer schneller.

Jörg Brosche
Dieser Tunnel ist als Zugang zur Straßenbahn gebaut worden. Dieses Straßenbahn-Projekt gab es – genauso wie die Planung für die Kreuzung am Vögenteichplatz – schon zu DDR-Zeiten. Realisiert wurde es erst weit nach der Wende.

Maik Tiede
Der Tunnel war zu einer Kloake verkommen, denn das mit der Straßenbahn wurde, wie bekannt, nicht geschafft.

Holger Ahrens
Sicht in Richtung Schröderplatz, die Alte Feuerwache ist oben links noch im Bild, darüber die Einmündung Friedhofsweg!

Robert Müller
Da sollte es ja dann eigentlich weiter per Brücke über die Warnow gehen …

Torsten Rosenkranz
Schöne freie Sicht damals. Nach der Wende alles zubetoniert, schade.

◀ Hier ein Foto vom Wilhelm-Pieck-Ring, aufgenommen Mitte der Siebziger. Das war damals der Blick aus einem der Hochhäuser, auch dieses Foto kommt von Ulrich Lindenblatt.

Dirk Fette
Mit der Fähre rüber und mit der Familie zu „Onkels Toms Hütte".

Frank Lindemann
Ich war Gehlsdorfer. Und der Kinderwagen: geil.

▲ Feiertagsstimmung und Menschengewimmel beim Fähranleger am Kabutzenhof. Olaf Heyde hat dieses Foto bereitgestellt, die Aufnahme hat sein Großvater Willi Schubert gemacht.

Holger Ahrens
Davon gab es zwei Fähren: „Willi Schröder" (im Bild) und „Albert Schmidt", beide wurden auf der Neptunwerft gebaut. Sie fielen nur aus bei zu starkem Eis auf der Warnow.

Micha Köster
Oh ja, das kenn ich noch. War Altstadtkind …

Le Kerstin
Ja, das kenne ich auch noch. Habe die Fähre gerne genommen, wenn ich nach Gehlsdorf musste.

Hans-Werner Frank
Ich wische mir verstohlen eine Träne von der Wange. Das Rostock meiner Kindheit und Jugend – DANKE!

▲ Gut im Blick ist hier der große Parkplatz am Fähranleger Kabutzenhof. Weiter hinten sind die Anlagen des Stadthafens zu erkennen. Werner Murawski hat dieses Bild 1970 aufgenommen.

Jens Wolter
An die Ikarus-Busse kann ich mich erinnern. Aber an den Parkplatz nicht so.

Holger Ahrens
Von dort konnte man mit den Fähren nach Gehlsdorf übersetzen, sogar mit Pkws!

◀ Ein Blick hinter die Eschenstraße, die vom Patriotischen Weg abzweigt. Diese besondere Balkon-Anordnung findet man sonst kaum in Rostock. Günther Römer hat das Bild in den Fünfzigern aufgenommen.

Peter Möller
Das ist die Rückseite der Eschenstraße. Dort habe ich bis 1953 gewohnt. Dieser Weg führte zu der Firma Nordstahl, der Haupteingang war im Patriotischen Weg.

Renate Holm
Da oben habe ich 1979 bis 1985 gewohnt … Danke für das Foto.

Ro Wegi
In der Eschenstraße hat meine Oma gewohnt und mein Opa hatte dort einen Kommissionshandel, so einen Tante-Emma Laden. Das war eine schöne Zeit.

Uta Ehlers
Hat so einen Charme, wenn auch etwas marode, es sieht schön aus.

▲ Hier blicken wir in den Patriotischen Weg, hinten mündet die Friedrichstraße ein. Dieses Bild hat Gerhard Weber 1971 aufgenommen.

Rob Smart
Bei Friedrichstraße fällt mir erst mal die Firma Maaß & Schröder ein. Das Lieblingsgeschäft meines Vaters mit der Zapfsäule für Wasch- und Katalytbenzin vor der Tür.

Petra Smir
Ecke Friedrichstraße. Auf der Höhe vom blauen Auto steht meine ehemalige Schule, die 10. POS „Hermann Matern".

Holger Klohn
Nanu, keine Kneipe „Zum Frosch"?

Wilfried Kölpin
Der „Frosch" war hinter dem Fotografen, Ecke Neue Werderstraße. In dem Haus Friedrichstraße habe ich die ersten 21 Jahre meines Lebens verbracht. Eine schöne Zeit.

Silke Dehnert
Wie schön leer die Straße ist, ohne all die heute parkenden Autos …

Annett Hansen
In dem Haus mit dem Turm habe ich ein paar Jahre gewohnt. Aber erst nach der Wende, als es schon saniert war.

Peter Lachnit
Was für ein cooles Auto rechts … Weiß jemand Marke und Modell?

Rostock-Album
Das ist ein IFA F9.

▲ Rostock bei Nacht – bei Aufnahmen aus den Sechzigern sind die mit Leuchtreklamen besonders dekorativ. Hier ein Blick in die Doberaner Straße, dieses Motiv kommt von Helmut Friemel.

Hinrich Bentzien
Im Erdgeschoss des rechten Gebäudes war in den Jahren nach 1990 ein autonomes „Info-Café". Darüber besetzte Wohnungen.

Henry Wünsch
Da gab es mal die Kneipe „Getränkekombinat".

Hans-Werner Frank
Die hatten sogar Stangen dabei, womit sie die Oberleitung der Straßenbahn hochgedrückt haben, damit die Motoren unten durchpassten, bzw. ein Werkstattwagen von der Straßenbahn begleitete die Überführung.

Axel Weiß
Zu sehen ist auch die Frauenklinik, in der ich geboren wurde.

Matthias Thiele
Ich auch … davor ist die Augenklinik.

▲ Rüdiger Grabowski notiert zu diesem Bild aus seiner Sammlung, das Wilhelm Bollhorn aufgenommen hat: „Doberaner Straße/Ecke Margaretenstraße, August 1962. So wie dieser Schiffspropeller wurden Großteile für den Schiffbau durch die Stadt von und zu den einzelnen Betrieben gefahren, sogar die im Dieselmotorenwerk gebauten Schiffsmotoren."

Mephisto Rostock
Vorne links war damals der Konsum! Könnt ihr euch noch daran erinnern, wie wir immer die halben und natürlich auch ganzen Konsum-Brote mit Pergamentpapier gedrückt haben, um zu prüfen, ob die Brote noch frisch sind?

Silke Dehnert
Sind da die Straßen noch so schön groß, weil leer ... ohne Autos.

Mat Ze
Die Heiligen-Geist-Kirche im Hintergrund.

▲ Ein weiterer Blick in die KTV, diesmal Anfang der Achtziger. Christian Pagenkopf zeigt diese Perspektive – von der Fritz-Reuter-Straße in die Klosterbachstraße hinein.

Frauke Kleist
Oh, gleich daneben die „Rosa-Luxemburg-Schule". Dort bin ich 1973 eingeschult worden. Es war die letzte Schule mit Schichtunterricht, eine POS hatte das Schulgebäude vormittags und die andere POS nachmittags im wöchentlichen Wechsel.

Jana Sparta
Oh wie schön, dort ist ja mein Schulweg. Abkürzung einmal Zaun klettern – somit war man in drei Minuten in der Schule.

Frank Planeth
Hinter dem Barkas zwischen den beiden Bäumen war die Raucherecke – auf dem Schulgelände, wohlgemerkt.

Sven Thieß
Ordentlicher Antennenwald auf den Dächern.

▲ An einem Sonntagvormittag Anfang der Achtziger. Eine Ansicht von der Schulstraße, es stehen noch auffallend wenig Autos hier. Die Aufnahme kommt von Christian Pagenkopf.

◀ Der Doberaner Platz 1978, fotografiert von Eckart Birr. Zu erkennen ist der alte Pavillon auf dem Platz, davor der Zeitungskiosk. Im Bildhintergrund ist viel Freiraum, weil der Doberaner Hof noch fehlt.

Jörg Peters
Sieht aus wie originale Mauerelemente von der Grenze.

Jörg Brosche
Diese Bauelemente wurden nicht nur zum Mauerbau genutzt, sondern zum Beispiel auch in der Südstadt an den Heizhäusern zur Lagerung der Braunkohle.

Steffi Brock
Da standen vor dem Krieg zwei Mietshäuser, die wurden zerstört. Dann kam als Übergangslösung die Baracke mit Imbiss. Ganz sicher, 1988 stand diese Mauer noch. Ich habe gegenüber in der Stadtverwaltung gearbeitet. Man wollte dort bauen, aber es hieß, der Untergrund wäre schwierig.

Rob Smart
Ein Stück weiter hoch sind dann auch zwei oder drei Häuser errichtet worden, wo vorher Nachkriegs-Lückenbauten standen. Nur an dieser Stelle passierte nichts. Bis dann der Doberaner Hof gebaut wurde.

David Wagner
Manche nannten sie auch die Mauer von Rostock.

Frank Hildebrand
Wahnsinn ... Wie schön doch die Stadt geworden ist.

▲ Ein Blick 1988 über den Doberaner Platz. Damals fuhr man mit Straßenbahn, Auto oder Rad an dieser unansehnlichen Mauer vorbei. Dieses Foto kommt von Jörg Schröder.

▲ Der Kanonsberg, aufgenommen Mitte der Siebziger, noch mit viel Grün drumherum. Dieses Motiv fotografierte Heinz Schröder.

Ener Bov
Da waren wir so oft als Kinder – zu Mutproben. Herrlich, diese Zeit – auch wieder ein Mittelpunkt in meiner Kindheit.

Sabine Nüssen
Ja, hier war ich fast jeden Abend im Sommer als Kind.

Anne-Kathrin Morgenroth
Da haben meine Eltern geknutscht.

Claus Vongehr
Auch ich habe mich dort viel rumgetrieben und meine erste Zigarette (Marke „Salem") geraucht.

Frank Rusch
Die Spielecke meiner Kindheit!

Brigitte Andres
Da hab ich mit meiner Freundin Regina meinen 18. Geburtstag gefeiert.

Ron Hen
Oh Mann, wie oft saß ich da drauf.

Karlheinz Schreiber
Der alte Charme von früher ging durch die Neugestaltung völlig verloren. Schade!

▲ Ein Blick über die Lange Straße hinein in die nördliche Altstadt, Mitte der Sechziger. Günther Römer hat diese Aufnahme gemacht. Wir sehen auch eine Baustelle …

Wilfried Kölpin
Dort stand vorher das alte Wasserstraßenhauptamt.

Vigo Stahlmann
Da entstand das Hochhaus mit der Apotheke unten drin. Sind übrigens schöne Wohnungen, für die Zeit und DDR-Verhältnisse großzügig und modern. Teilweise über zwei Etagen, soweit ich mich erinnere. Übrigens befand sich damals oben drauf Leuchtwerbung der Versicherung. Ich finde, es war mehr und buntere Leuchtreklame vor der Wende als jetzt. Man denke an „Bummi", „CENTRUM", „Jena-Optik", Haus der Schiffahrt/Gewerkschaften oder das Warnowhotel mit drehendem Interhotel-Logo.

▲ Diese informative Bildbeschreibung gibt Rüdiger Grabowski, zu dessen Sammlung das Foto von Wilhelm Bollhorn gehört: „Das ehemalige Hafenviertel im August 1962, rechts nähert sich das Haus der Schiffahrt seiner Fertigstellung. Der Weg am unteren Bildrand war einst die Himmelfahrtstraße, von rechts in Richtung Bildmitte laufend die Kleine Lastadie, die verbliebenen alten Häuser stehen an der Ecke Kleine Lastadie/Fischerstraße. Wenig später wurde hier der Großparkplatz Fischerbastion errichtet."

Alexander Schneider
Man sieht auch, dass die Bebauung der Badstüberstraße und der Aalstecherstraße zu großen Teilen noch erhalten war. Auch in der Grapengießerstraße standen noch einige Häuser. Ganz hinten ist der Turmstumpf von St. Petri zu sehen!

André Manni Manta
Super, dass immer mehr alte Bilder aus diesem Viertel auftauchen. Ich kann mich gerade an die Nördliche Altstadt gar nicht erinnern, bin zu jung und war dort anscheinend nie in den Achtzigern.

▲ Die Gaststätte „Zur Kogge" im Jahr 1975, im Zustand vor der Umgestaltung des Viertels. Das Motiv kommt von Heinz Schröder, zur Verfügung gestellt wurde es von seinem Sohn Jörg.

Bruno Kreß
Habe dort meine erste Heuer so klein gemacht, dass die Straßenbahn mich umsonst nach Marienehe bringen musste, dort wartete meine Koje auf dem Trawler „Görlitz". Das war im Herbst 1967, wo ist die Zeit geblieben?

Monika Kreutzer
Ach du meine Güte, da habe ich meine Kindheit verbracht, gegenüber war die Strandstraße 70, in der wir gewohnt haben. Und schräg gegenüber war noch eine Kneipe.

Kati Skorupski
Die Lampe oben an der Hauswand – hab ich so auch noch nicht gesehen!

Maik Siegfried Janeck
Wahnsinn, wie sich alleine der Ausschnitt links vom Eingang verändert hat!

Zur Kogge
Außen hat sich nach der Wende viel getan, aber innen sind wir uns treu geblieben. Urig, gemütlich und historisch. Interessant ist vielleicht noch der Giebel der Kogge, der erst im Zuge der Sanierung in den Achtzigern aufgesetzt wurde und oft für ein Original gehalten wird.

Karin A. Langereih
Im Adressbuch von 1910 ist ein Restaurant „Stadt Calmar" in der Strandstraße 69 eingetragen.

Mark Antonius Pfennig
Kenn' ich noch, war sogar noch drin. Die Kneipe hat dann Mitte der Siebziger geschlossen.

Sabina Bloche
Schräg gegenüber war beziehungsweise ist noch heute die „Kogge".

Steffi Brock
Wie schade um das Haus! Heute könnte man sogar die Reklameschrift erhalten.

▶ Das Restaurant „Stadt Calmar" in der Nördlichen Altstadt. Es fiel dem Abriss zum Opfer. Diese seltene Ansicht stammt von Heinz Schröder.

Rob Smart
Das Besondere war ja, dass man versucht hat, die historischen Bauten zu erhalten. Leider war es bei den meisten Häusern 40 Jahre nach dem Krieg/Verfall aber zu spät, sodass nur noch ein paar Giebel bewahrt werden konnten. Trotzdem war das meines Erachtens für die DDR, oder zumindest für Rostock, ziemlich einmalig.

Oskar Herold
Umgestaltet – weil die halbe Nördliche Altstadt wegen der fehlenden Sonne weggegammelt ist, nachdem die Lange Straße gebaut wurde!

Karsten Greßler
Ich war in den Achtzigern vom Wohnungsbaukombinat in der Nördlichen Altstadt dabei. Vieles war damals echt nicht mehr zu retten. Aus heutiger Sicht wären die alten Fassaden wohl erhalten geblieben. Leider konnte die Mangelwirtschaft dieses Problem nicht lösen und hat trotz Plattenbauweise ein super neues Viertel geschaffen.

▲ Noch ein Motiv kommt von Heinz Schröder – ein Blick in die Wokrenter Straße, die in den Achtzigern grundlegend umgestaltet wurde.

▲ Ein weiteres Motiv von der Wokrenter Straße im fortgeschrittenen Bauzustand, die Aufnahme kommt aus dem Fundus von Jörg Schröder und stammt von seinem Vater Heinz.

Colin Schwebke
Was für ein Frevel! Ein kompletter Stadtteil ersetzt durch sozialistische Platte. Für dieses Bauprojekt kam die Wende zehn Jahre zu spät

▼ Hier sieht man die Fettfabrik in der Nördlichen Altstadt – wohl eins der letzten Fotos vor der Sprengung 1989. Diese Aufnahme kommt von Hans Steinkopf.

Wilfried Kölpin
Ich weiß noch, dass es dort Mayonnaise in 10-Kilogramm-Eimern gab.

Christian Schneider
Der Spielplatz gehört zu meinem alten Kindergarten! Schöne Erinnerung!

◀ Diese Bilderserie von 1989 zeigt den Abriss der alten Fettfabrik zwischen Lagerstraße und Wokrenter Straße. Hans Steinkopf hat diese interessanten Fotos gemacht.

▼ Der heutige Zustand. Ein Blick über die Nördliche Altstadt, Marita von Zansen-Osten hat dieses Foto zur Hanse-Sail im Sommer 2015 angefertigt.

▶ Einen genaueren Blick auf Abrissarbeiten in der Nördlichen Altstadt bekommen wir mit dieser Bilderserie. Hans Steinkopf hat in den Achtzigern von seiner Wohnung aus das Verschwinden eines Hauses in der Lagerstraße dokumentiert.

Abbruch, Umbruch, Aufbruch

Mit der Wende und der Wiedervereinigung von 1989/90 war natürlich ein Umbruch verbunden. Zunächst musste sich Rostock auf die neuen gesellschaftlichen und wirtschaftlichen Bedingungen einstellen, auch verbunden mit Arbeitslosigkeit und Einwohnerverlust. Allmählich wandelte sich die Stadt. Auch in jüngerer Zeit verschwand manch Vertrautes aus dem Stadtbild und wurde durch Neues ersetzt. Zum Beispiel ist die Gegend rund um den Friedhofsweg heute im Vergleich zu 1989 kaum wiederzuerkennen. Nicht alles stieß dabei auf den Zuspruch der Rostocker.

Die Stadtentwicklung zielte in dieser Zeit darauf, Lücken zu schließen, den Verkehr neu zu ordnen und ein umfangreiches Sanierungsprogramm umzusetzen. Auch die Neubaugebiete wurden dabei wieder auf Vordermann gebracht. Das Zentrum behielt mit der Kröpi ihre schönste Flaniermeile, die unter anderem durch den Rostocker Hof und das Kröpeliner-Tor-Center ergänzt wurde. Das ehemalige Gelände der Neptunwerft ist durch einen Mix aus Einkaufen und Wohnen neu belebt worden. Aber: Die Stadt hat noch Reserven …

Thomas Lauch
Da war ich leider in Koblenz, eine der spannendsten Zeiten in der langen Geschichte der alten schönen Seestadt Rostock!

Jörn Jonischkies
Der hätte mal lieber bleiben sollen, wo er hergekommen ist …

▲ „September 1990 – der Bundestag ist da!", schreibt Mathias Beese zu seinem Foto. Ein Infomobil bereitete die Rostocker auf die Wiedervereinigung vor, auch auf die ersten gemeinsamen Bundestagswahlen am 2. Dezember 1990.

▲ Jörg Jalaß hat dieses Foto im Juni 1990 aufgenommen, kurz vor der Währungsunion – die Kröpi, auch „Elektro-Schultz" ist genauer im Blick.

▲ Noch ein Bild von Jörg Jalaß aus dem Juni 1990. Erneut die Kröpi, hier auf der Höhe des Herrenmodegeschäfts „Korrekt". Weiter hinten links ist auch das „Sporthaus Olympia" zu erkennen.

Kai Morawetz
„Elektro-Schultz", da gab es Dinge, die man sonst vergeblich gesucht hat.

Martin Schulz
Da hatte ich meine erste Modellbahn her, die ich heute sogar noch habe.

Detlef Krause
„Elektro-Schultz", der Traumladen eines jeden Jungen damals!

Margitta Donner
Nicht nur Jungen!

Ulrike Bastian
„Sporthaus Olympia", Spowa genannt. Da war immer Ansturm, wenn es die Sportträgerhemden mal gab, die konnte man in Schwarz so tragen und die weißen schön batiken.

Janny Müller
Habe Handball gespielt. War Stammkunde bei „Olympia". Nur um Lederturnschuhe zu bekommen.

Susanne Richter
Mir gefällt, was die Menschen anhaben. Und ich möchte nichts idealisieren, aber mir kommt das ästhetisch ansprechender vor als die Werbung und Schilder in der Kröpi heute. Die Farben, die Designs und vor allem: die Wimpel.

Bruce Ketta
Die Wimpel sollten nur über die marode Tristesse der „Einkaufsmeile" hinwegtäuschen. War doch alles im Eimer; gut, dass die Wende kam, sonst wäre das alles noch mehr verfallen.

Jörg Engel
Das war im Frühjahr 1993. Ich war damals in der Neptunwerft tätig und habe mitgestreikt, vier Wochen lang etwa. Es ging um die stufenweise Anpassung an das Westgehalt.

▲ Dieses Foto von Ingo Schöler entstand Anfang der Neunziger: Die Szene zeigt die Besetzung der Warnowwerft durch die Belegschaft.

Dirk Hro
Es ging dort nicht nur um den Arbeitsplatz-Abbau, sondern um neue Tarifverträge der IG Metall, die dann durch den Streik auf den Werften in MV durchgesetzt wurden. War auch dabei auf der Neptunwerft.

Petra Müller
Wir vom Institut der Schifffahrt waren auch dabei!

◀ Ein weiteres Foto von Ingo Schöler aus dem Frühjahr 1993, als in der Warnowwerft gestreikt wurde.

Markus Hertel
Die Fotos von Ingo Schöler zeigen große Geschichte.

Karsten Greßler
Wer wollte die denn noch alle haben?

Wilhelm Müller
Thailand, Vietnam, Kambodscha waren zum Beispiel Abnehmer der Fahrzeuge nach der Wende. Sie fahren heute noch dort rum.

▲ Das Jahr 1990. Im Rostocker Überseehafen stehen Fahrzeuge für den Export bereit, Trabant 601 und IFA W 50. Diese Aufnahme hat Werner Murawski gemacht.

▲ Da bröckelte es schon: Das Klubhaus der Neptunwerft, 2007 von Thomas Lauch im Bild festgehalten. Auch Teile der alten Werft-Betriebspoliklinik sind zu sehen.

▲ „Das Klubhaus der Neptunwerft. Im Februar 2011 noch leidlich in den Konturen zu erkennen, jetzt schon längst zerhäckselt. Als Sechzehnjähriger ging ich dort zum ‚Tanztee'", schreibt Harri Engelmann zu diesem von ihm aufgenommenen Motiv. „Da spielten Bands, die mir damals schon suspekt waren, zum Beispiel Goldene Lyra hießen. Denn die Beatles waren bereits kurz vorm Aufsteigen. Allerdings gab dort auch der Norweger Jan Rohde ein Konzert, das war schon richtiger Rock 'n Roll."

Anne Oldag
Ich hatte da als sechsjähriges Mädchen Ballettunterricht.

Clemens Külberg
Habe irgendwo noch eine Freikarte 'rumliegen, die ich damals nicht nutzte.

Renate Braun
Ich habe dort Tischtennis gespielt und war sogar im Chor. Hat Spaß gemacht.

Klaus Schütt
Unter dem Schutt sind viele Erinnerungen und Jugendlieben verborgen.

Karin Wohlgemuth
Dort habe ich meine erste Theatervorstellung gesehen, ein Vorweihnachts-Märchen, ich glaube, ich war so um die drei Jahre alt: Marionettentheater! Ganz toll war's!

Martin Baltrusch
Übrigens ... ganz oben war unsere Turnhalle, gegenüber unserer Berufsschule. Die Kantine war auch okay.

Ingo Nitzschner
Meine Mutter war dort Köchin und sonntags war immer Tanz.

Wolfgang Strübing
Dort habe ich Katja Ebstein im Konzert erlebt.

Ute Springensguth
Meine Jugendweihe fand dort statt. Viele Erinnerungen wie Tanztee.

Evelyn Büttner
Da waren wir immer die ersten auf der Tanzfläche. Mein damaliger Freund meinte, wenn die Fläche erst voll ist, macht es keinen Spaß mehr.

Martin Baltrusch
Schade drum. 1987 habe ich da die Erste Allgemeine Verunsicherung gesehen.

Renate Braun
Schöne Zeiten damals.

◀ Bevor eine neue Bebauung kam, lag das Werftgelände jahrelang verlassen da: Hier hat Thomas Lauch 2007 fotografiert, u.a. einen Werftkran. Zu diesem Zeitpunkt war die Neptunwerft schon Geschichte, aber eine neue Nutzung noch nicht zu sehen.

Steffi Brock
Sehr originell. So von oben habe ich noch kein Foto von der Werft gesehen. Man sieht, wie sich die einzelnen Gebäude zueinander verhalten.

▲ Dieses Luftbild von Bernd Hagedorn/FOTOSTUDIO HAGEDORN zeigt das Areal der Neptunwerft 2005, vor der Umgestaltung zur Einkaufsstätte und der später hinzugekommenen Wohnbebauung.

Jan Löhnhard
Ich habe auch auf der Neptunwerft gelernt und viel auf der Helling 1 gearbeitet.

▲ Erich Kuhfeld hat dieses Motiv 2007 aufgenommen. Das Gelände der ehemaligen Neptunwerft wird allmählich zur Baustelle, das Einkaufszentrum entsteht.

▼ Ein aktuelles Bild: Die Silhouette hat sich sehr verändert, so sieht es jetzt auf dem Gelände der ehemaligen Neptunwerft aus.

Matthias Thiele
Mit den Wassergrundstücken ist es dasselbe wie mit den Waldgrundstücken: Alle wollen es haben, aber keiner empfindet die Idylle.

Christian Weber
Top-Mieten, da geht noch was. Leider verschandelt sich deswegen auch Rostock.

Peter Dobbert
Das Bild zeigt eine der letzten Überführungen von den in Warnemünde gebauten Schiffssektionen per Schlepper zur Werft nach Wismar. Dort erfolgte der Zusammenbau zum kompletten Schiff.

Ein in Warnemünde entstandenes Foto von Peter Dobbert aus dem
r 2009.

Reiner Wohlfahrt
Da habe ich mitgebaut.

▲ Uwe Hach zeigt dieses beeindruckende Motiv: Das Auslaufen der Bohrinsel „Stena Don" im August 2001, sie passiert den Seekanal Warnemünde.

Michael Heinz
Schön klotzig. Nichts gelernt aus den Architektursünden der Siebziger und Achtziger.

Ilona Rolke
Diese grauen dunklen Häuser sehen schrecklich aus, erinnert an die DDR-Zeit, ist denen die helle Farbe ausgegangen?

▲ Ein Blick 1980 vom Hochhaus an der August-Bebel-Straße. Im Bild ist besonders die inzwischen verschwundene Bebauung linksseits der Straße zu beachten. Das Foto kommt von Jörg Schröder.

Steffi Brock
Die zweistöckigen langgestreckten Häuser sind mir früher nie aufgefallen. Das dreistöckige Haus könnte das Institut für Geodäsie und Kartografie sein, das dem Rat der Stadt unterstellt war. In einer Baracke war das Fundbüro und das damalige Ortsamt Mitte vom Rat der Stadt.

Beatrix Engler
Ganz rechts die Baracke war ein Kindergarten. Das Gelände reichte bis zum Graben der Wallanlagen. Schön war's dort!

Jörg Brosche
Für mich war das immer 'ne gruselige Straße ohne Bäume mit Heizungsrohren drüber.

Peter Lorenz
Von den Baracken haben wir noch Fotos vom „heißen Abriss". Die Hitze haben wir am offenen Fenster im 21. Stockwerk gespürt.

▶ Ein Blick aus einer anderen Perspektive: Die August-Bebel-Straße, wie sie noch in den Neunzigern zu sehen war. Das Bild kommt von Christian Pagenkopf.

Östliche Altstadt Rostock
Im Gegensatz zu vielen anderen fragwürdigen Abriss-Entscheidungen war dies an der Stelle vernünftig und sinnvoll.

Christian Paulus
Schon mit Radfahrstreifen, die Häuser dort waren aber auch heruntergekommen. Ebenso wie die südliche Karlstraße um die Ecke.

Rat Käppchen
Ich bin da vorne links in den Kindergarten gegangen …

▲ Hier steht das DGB-Haus schon, aber die August-Bebel-Straße ist noch nicht verbreitert. Weiter hinten sind noch Abrissarbeiten zu sehen. Dieses Foto stammt von Günther Römer.

Anke Meyn
Dort war einmal ein Kindergarten. Soweit ich mich erinnere, der älteste von Rostock. Die Stadt verändert sich sehr. Mein Rostock ist kaum noch zu erkennen …

Stefan Jutzas
Vorn rechts war das Jugend-Alternativ-Zentrum. Zwei Baracken haben dort gestanden, eine war das JAZ und in der anderen waren Proberäume.

Claudia Rittig
Ganz hinten, auf der rechten Straßenseite, war der bei Studenten allseits beliebte Copyshop.

Jan von Busch
Und was wird da gerade hinter der Doppelgiebelfassade abgerissen? Hotel „Rostocker Hof", Kröpeliner Straße 26, zwischenzeitlich Universitätsbibliothek. Einen kleinen Rest der alten Pracht darf man immerhin ja noch heute im Foyerbereich bestaunen.

Eva-Maria Radtke
Gegenüber, in Richtung Glatter Aal, war früher die Tribseesbrauerei, da habe ich 1965 Ferienarbeit gemacht

▲ Das Gebäude der Untersuchungshaft in der Schwaanschen Straße 1993 im Abriss. Es machte Platz für den „Rostocker Hof". Das Motiv kommt von Heinz Schröder und befindet sich im Fundus seines Sohnes Jörg.

▲ Die Baugrube für den „Rostocker Hof" 1993 – kurz zuvor war das Gebäude der alten U-Haft abgerissen worden. Hinten sieht man die Fassade, die zur Kröpi zeigt. Jörg Schröder hat dieses Foto seines Vaters Heinz bereitgestellt.

Hinrich Bentzien
Ein paar Tage vor dem Abriss standen die Türen offen und man konnte heimlich einen Rundgang machen. Schaurig! Die U-Haft gehörte ursprünglich zum Land- und Amtsgericht, einem großen Backstein-Gebäude an der Schwaanschen und der Altbettelmönchstraße, das 1942 zerstört und später abgetragen wurde. Die U-Haft gab es schon um 1900 und sie war wohl bis zur Wende in Betrieb.

▲ Heinz Schröder hat auch den Baufortschritt dokumentiert. Der „Rostocker Hof" im Entstehen, hier eine Aufnahme von der Rückseite, fotografiert aus der Schwaanschen Straße, Ecke Altbettelmönchstraße.

Thomas Lauch hat 2007 die Abrissarbeiten m Glatten Aal festgehalten. Dort verschwand as alte Chemische Institut der Uni. Zwischen er Buchbinder- und der Rungestraße entstand uf diese Weise eine Freifläche, die jahrelang nbebaut bleiben sollte.

Karlheinz Schreiber
Bei der Bombardierung 1942 wurden der Glatte Aal und viele umliegende Häuser komplett bis zur Rungestraße zerstört, später zugeschüttet und Parkplätze geschaffen.

Photorestauration24
Soweit ich weiß, standen dort Wohn- und Geschäftshäuser, Wirtschaftsgebäude derselbigen und so weiter. Also, es dürfte sich aus früheren Zeiten dort noch einiges finden!

▲ „Zwei Wüsten in Rostock" – so betitelt Thomas Lauch seinen Schnappschuss aus dem Jahr 2009.

Hinrich Bentzien
Da gab es bis zur Bombardierung 1942 eine dichte Wohnbebauung. In der Ecke, in die der Blick geht, stand bis in die Mitte des 19. Jahrhunderts die Klosterkirche St. Johannis.

▲ So sah es Mitte 2016 auf dem Glatten Aal aus – es liefen die ersten Bauarbeiten für das geplante „Rosengarten-Center". Dabei wurden auch alte Fundamente freigelegt.

▲ „Der Vögenteichplatz zu Beginn der Umbauarbeiten für die neue Straßenverbindung vom Saarplatz zum Steintor", schreibt Christian Pagenkopf zu diesem Foto aus den Neunzigern.

Östliche Altstadt, Rostock
Wildromantisch und sehr ruhig, wenn man das Kreuzungsgewusel jetzt so vor sich hat. Danke, war mir gar nicht mehr so bewusst.

Christian Pagenkopf
Im Vordergrund die vor der Wende häufig verwendeten Betonelemente für Freiflächengestaltung und Kinderspielplätze. Solange sie noch schön weiß waren, sahen sie eigentlich gar nicht so schlecht aus.

Martin Wolff
Auf dem Spielplatz bin ich groß geworden …

Robert Müller
Ist ja nicht wiederzuerkennen. Steht da bei den Autos jetzt die Deutsche Med?

Rostock-Album
Zur Orientierung: Das weiße Gebäude, das links ein bisschen rausguckt, ist heute Helgas Stadtpalast. Durch die Bildmitte verläuft inzwischen die Einmündung der Arnold-Bernhard-Straße. Und rechts hinten, wo das Gestrüpp ist, steht heute die Deutsche Med.

Lilli K. Putt
Oh Gott, das sieht aus wie nach'm Krieg!

Jörg Engel
Die Häuser da hinten gibt es nicht mehr! Sind jetzt alles altersgerechte Gebäude entstanden.

Tommy Nit
Schöne Entwicklung …

◀ Wenige Jahre später: der Bau des Verkehrsknotens Arnold-Bernhard-Straße/Am Vögenteich, im Bild festgehalten von Günther Römer. Das war Ende der Neunziger – die Deutsche Med stand noch nicht.

▲ Hier blicken wir mal in die Gegenrichtung – die Arnold-Bernhard-Straße ist im Entstehen. Günther Römer hat auch dies im Bild festgehalten.

Sebastian Schmidt
Die August-Bebel-Straße wurde am anderen Ende 2002 fertiggestellt.

Mario Lembke
Angesichts des Baufortschritts tippe ich hier auf Spätherbst 1999 oder Frühjahr 2000.

Robert Müller
Ich finde, der gesamte Bereich von der Kreuzung bis zum Saarplatz ist mittlerweile echt schön geworden.

◀ Die „neue" Holzhalbinsel im Entstehen, aber zunächst ging es nicht recht voran. Etwa 2005 fotografierte Ronald Conrad den damaligen Zustand von der Petrikirche aus.

Klaus Schütt
Auf dem Gelände war ich oft bei der Firma BBB und auch bei der Bootswerft Ludewig. Es ist kaum zu erkennen, wie es vorher war. Auf jeden Fall war es mal ein sehr „wildes Gelände" mit sozialistischem Charme.

Steffi Brock
Holzhalbinsel, weil dort Holz gelagert wurde und auch eine Holzhandlung ihren Sitz hatte. Ich glaube Holzhandel Schael. Überhaupt ist es erstaunlich, was für ein reges Treiben auf dieses wenigen Metern an der Kaikante des alten Hafens stattgefunden hat. Eine Kohle-Handlung war auch dort. Ich war als kleines Kind mit meiner Mutter dort, weil wir Kohlen bestellt haben.

Stefan Hinrichs
Die Bezeichnung Holzhalbinsel gab es ab 1920. Zu diesem Zeitpunkt siedelte sich dort der Holzhandels- & Verarbeitungsbetrieb „Jürß & Crotogino" an. 1926 folgte die Kohlehandlung „Glück auf".

◀ Sarah Voß zeigt uns dieses Bild von der Holzhalbinsel, das im Juni 2010 bei einer Ballonfahrt aufgenommen wurde.

▶ Ein neues Wohngebiet östlich der Stadtmauer – das Petriviertel aus einer beeindruckenden Perspektive. „... ein Foto, aufgenommen mit meinem Quadrocopter", schreibt Frank-Michael Zink zu seinem Bild aus dem Jahr 2016.

Sen He
Wunderschön, das Petriviertel von oben – schönes Wohngebiet zum Flanieren und Verweilen!

René Papenhagen
Einfach nur wunderschön, meine Heimat. Ich hab ja bissel Heimweh.

Monika Spörck
... ich lebe hier unglaublich gern.

Matthias Mamerow
Ein wirklich schönes Bild.

Michael Thieme
Als der Kanonsberg noch nicht gerupft war ...

▶ Brian Lehmkuhl steuert diese Luftaufnahme vom Bau der Straße Am Kanonsberg bei, die inzwischen hinunter zum Stadthafen führt. Im Jahr 2007 waren die Bauarbeiten in vollem Gange.

▲ „Altes verbirgt sich zunehmend hinter Neuem", schreibt Peter Dobbert zu seinem aktuellen Bild. Die Nikolaikirche thront hinter dem Wohngebiet rund um die Neue Warnowstraße.

Arne Schmidt
Legohäuser. Sind die Menschen dann auch eckig?

Volker G. Schunke
Nee, ganz normal. Über Geschmack lässt sich bekanntlich nicht streiten, es wohnt sich gut da.

Steffi Brock
Das ist aber eine schöne Perspektive!

Peter Lorenz
Ich find die Gestaltung schön, und wenn dort nicht so viel „Fassadenmalerei" praktiziert wird, wäre es noch besser.

Tom John Wolff
Verschachtelte Schachteln. Mit Verschachtelung verzierte Einheitsschachteln. Das Bauhauserbe verhindert immer noch Gemütlichkeit, organische Formen, Romantik und Verspieltheit in der Architektur.

Einfach Haike
Man sollte für Neubauten viel mehr den Denkmalschutz auf den Plan rufen, damit das Stadtbild nicht noch mehr verunstaltet wird. Von dem alten Hansestadt-Bild ist nicht mehr viel übrig.

▲ Das neue AIDA-Gebäude am Stadthafen hat Christian Pagenkopf fotografiert – mit einem kleinen Sonneneffekt. Und hinten lugt die Petrikirche hervor.

▶ Das Kürzel KTC ist inzwischen in Rostock ein Begriff. Hier das Kröpeliner-Tor-Center mit reichlich Außenwerbung. Günther Römer hat Gebäude und Leuchtreklame im Bild festgehalten.

▲ In den letzten Jahren sind in Rostock einige dekorative Wandgestaltungen entstanden, die sich mit der Geschichte der Stadt befassen. Dieses Motiv ist in der Straße Am Kabutzenhof zu finden, eine Erinnerung an die harte Arbeit auf der Neptunwerft.

Erik Wendel
Ganz klar die Handschrift von www.dosensport.com. Super!

Judith Lüer
Toll, der 3D-Effekt

Ostsee Rocker
Erinnert mich aber auch ein wenig an die Bilder mit den Werktätigen zu DDR-Zeiten … tolle Sache von Dosensport.

Daniel Kollmorgen
Das ist richtig top, was die da an die Wand gezaubert haben. Daumen hoch.

dosensport.com – professional graffiti artist since 1999
Ja, wir wollten die Menschen an das alte Werftgelände erinnern. Im Istzustand ist nicht mehr viel von der Werft zu sehen – leider!

Dieter Schneider
Toll, in der Hausnummer 61 haben wir von 1979 bis 1983 gewohnt, Besitzer war damals die Familie Schulz. Auf dem Hof befand sich eine Tischlerei.

Robert Träber
Das Beste ist das Garagentor mit dem Trabbi.

Karsten Greßler
Sehr schön, was waren das damals vergammelte Anwesen.

Janny Müller
Da habe ich meine Kindheit verbracht von 1963 bis 1976, Hausnummer 14.

Bianka Lindner
Hoffentlich bleibt das lange so schön.

Karin Mauritz
Das sieht ja wunderbar aus. Danke an die Initiatoren.

▲ Dieses Foto kommt aus der KTV, in der Fassadengestaltung sind einige Wahrzeichen Rostocks vereint. Zu sehen ist eine Hauswand in der Budapester Straße.

Lisa Sprunk
Die sind mir noch nie aufgefallen.

Christin Hannemann
... tolle Hingucker, volles Haus mit den besten Mitbewohnern der Welt. Sieht bestimmt auch interessant aus nach einem Schneefall.

Janet Kopp
Wie wunderbar! Fantastisch!

▲ Und auf diese witzige Fassadengestaltung haben Monika und Günter Prach aufmerksam gemacht. Zu finden sind die lustigen Gesellen in der Augustenstraße.

▲ Und diese Fassadenmalerei haben Monika und Günter Prach in der Richard-Wagner-Straße im Bild festgehalten.

Östliche Altstadt, Rostock
Sehr gelungen, davon gerne mehr, aber nicht die „Kunstwerke", die sonst so an die Wände geschmiert werden.

Heinz-Jürgen Gerhard Schittek
Das kenne ich auch und hat mir gleich gefallen.

Elisabeth Freitag
Ja, das kenne ich auch; an dem Eckvorsprung: Blumenladen und Ecke Augustenstraße ist der Bäcker.

Carmen Thiele
Tierisch gut.

▲ Thorsten Czarkowski (Herausgeber)

▲ Thomas Gallien (Lektor)

Die Deutsche Nationalbibliothek verzeichnet diese Publikation in der Deutschen Nationalbibliografie; detaillierte bibliografische Daten sind im Internet über http://dnb.ddb.de abrufbar.

Lagerstraße 7, 18055 Rostock
www.hinstorff.de

1. Auflage 2016
Herstellung: Hinstorff Verlag GmbH
Lektorat: Thomas Gallien
Titelgestaltung und Layout: Beatrix Dedek, Iris Eschmann
Druck: Druckerei Weidner, Rostock
Printed in Germany
ISBN 978-3-356-02045-8

Ein großes Dankeschön an alle, die durch ihre Einsendungen und Kommentare dieses Buch ermöglicht haben.

Bildnachweis

Die Urheber beziehungsweise Rechteinhaber der einzelnen Fotos finden sich in den jeweiligen Bildunterschriften. Einige Aufnahmen wurden für das Album von Thorsten Czarkowski neu aufgenommen – dies ist bei den Bildern nicht namentlich vermerkt worden.
Die Zustimmung für den Abdruck zweier Postkarten (Seite 55 oben und Seite 106 oben) wurde uns freundlicherweise vom „Verlag Bild und Heimat Reichenbach" erteilt.

Die Bilder auf dem Cover stammen (im Uhrzeigersinn, beginnend oben in der Mitte) von Günther Römer (2), Ingo Schöler (Ausschnitt), Gerhard Weber, Günther Römer (Blücherdenkmal während der Lichtwoche), Wilhelm Bollhorn/Rüdiger Grabowski, Helmut Friemel und in der Mitte von Olaf Heyde.
Das Motiv auf dem Rückcover zeigt die St.-Georg-Straße (damals Friedrich-Engels-Straße) und wurde von Günther Römer festgehalten.

Das Team vom Rostock-Album war bestrebt, sämtliche Bildrechte zu ermitteln und korrekt auszuweisen. Sollten im Einzelfall urheberrechtliche Fragen dennoch offen geblieben sein, bitten wir um freundliche Kontaktaufnahme.